THOMAS DÜLBERG

EIN TOPF DER GEFÜHLE

Das Lese-Kochbuch
mit Rezepten von STEVEN DROSTE

ISBN Hardcover: 978-3-347-71543-1
ISBN E-Book: 978-3-347-71548-6
Druck und Distribution im Auftrag des Autors:
tredition GmbH, Halenreie 40-44, 22359 Hamburg, Germany

Für Freunde

Küchenklatsch auf Rezept

Küchenklatsch

„Die Küche ist zum Tanzen da!“

Quelle: unbekannt.

Cross-Over aus vier Küchen

Ich atme tief ein. Durchs geöffnete Fenster inhaliere ich das typische Sauerland-Bouquet. Es riecht nach Kamin, Kuh und Grill. Diese Region ist mein Lebens-Ausgangs- und (jetzt wieder) -Mittelpunkt. Die superben Jahre zwischendurch in Düsseldorf, Flandern und Wien habe ich nichtsdestotrotz genossen – kulinarisch sowieso. Die Rezepte in diesem Lese-Kochbuch sind folglich eine Mischung aus einem Regionen-Quartett: mein Cross-Over aus vier Küchen.

Apropos Küche: Sie ist zu Hause. Egal, ob groß oder klein, stylisch oder zusammengewürfelt, alt oder neu – hier kochen, essen, reden, schluchzen und lachen wir mit Freunden, Familie, erwarteten und unerwarteten Gästen.

Stellt euch vor, Küchen könnten Geschichten erzählen.

Genau das passiert in diesem Lese-Kochbuch. Es illustriert Gespräche, Anekdoten und Begegnungen am Küchentisch – voller Lebenslust, Lachen und Genuss. Eine formidable Liebeserklärung an die Küche und an all die Menschen, denen ich dort bisher begegnet bin. Mit ihnen ließ sich bei einer Flasche Wein (mindestens) und einem guten Essen wunderbar schnacken. Seemannsgarn war manchmal nichts dagegen. Siehe die kurzen großen Texte und die kurzen kleinen (die vor den Rezepten).

Alle Begegnungen am Küchentisch, alle Orte, alle Rezepte sind selbstverständlich höchst subjektiv ausgewählt. Daten und Fakten akribisch recherchiert. Trotzdem: ohne Gewähr. Kann also sein, dass ein Berg etwas höher oder flacher ist, ein Gericht zu Bärlauch-lastig oder zu gepfeffert. Sollte das der Fall sein – habt Nachsicht!

Bei den Rezepten bin ich mehr oder weniger raus. Kochprofi und Küchenmeister Steven Droste hat sie für Hobbyköche (wie mich) adaptiert, damit das mit dem Nachmachen auch gut klappt. Tut es. Glaubt mir. Ich hab‘s ausprobiert. Lecker!

Die Gerichte sind den Regionen, in denen ich gelebt habe, zugeordnet. Es sind aber keine Herkunftsbezeichnungen der ursprünglichen Rezepte. Gulasch, mit welchen Zutaten auch immer, gibt es schließlich überall. In Griechenland nennen sie Gulasch Stifado.

Sämtliche Namen der Personen, die in diesem Buch erscheinen, habe ich gewissenhaft geändert. Nicht dass sich da Jemand inmitten der eigenwilligen Charaktere und ihren geschmacklichen Vorlieben wiederfindet.

Viel Spaß bei einem (hoffentlich) vergnüglichen Leseerlebnis, beim Kochen, Essen und natürlich: beim eigenen Küchenklatsch am Küchentisch.

Kocht für Freunde!

Thomas Dülberg,
Herbst 2022

Männer am Herd. Die Haudegen der Moderne

Ich esse nun mal gerne. Seit Kinderzeiten schon. Ich erinnere mich an den Moment, als meine Leidenschaft hoch kochte. Da saß ich als 10-Jähriger in kurzer Lederhose auf der Küchen-Holzklappbank, eine mit rotem Kunstlederbezug. Ende der 1960er Jahre. Freitagabend. 18 Uhr herum. In etwa. Oma hatte ein sehr großes, frisches, helles Röstbrot vom Bäcker aus der Stadt mitgebracht und reichlich Aufschnitt, Schinken und Käse. Dazu ein Glas Gurken. King-Size-Format. Das war mengenmäßig ok, denn wir waren alle da: Opa, Mama, Papa, zwei Schwestern, Cocker Spaniel-Rüde unterm Küchentisch.
Wisst ihr, wie wunderbar lecker frisches Brot schmeckt? Und wie viele Schnitten man davon essen kann...?
Es war ein herrlicher, ein unterhaltsamer Abend. Es war ein Abend mit viel Seelensalbe. Wir redeten, lärmten, lachten, schwiegen und blieben sehr lange am Küchentisch sitzen. Und genau das ist es: Essen bedeutet nicht nur satt werden. Essen macht Spaß. Essen ist Kommunikation. Lebensfreude. Kein Wunder, dass es in meinem Freundeskreis nur Menschen gibt, die diese Lust teilen. Mit anderen könnte ich auch gar nicht. Da würde ich glatt Fersengeld geben.

Irgendwann begann ich selbst zu kochen. Seit 35 Jahren brutzle, schmore und dünste ich nun schon vor mich hin. Es ist meine perfekte Methode zur Stressreduktion. Ich bin glücklich dabei und am liebsten auch danach: wenn gegessen wird. Das wiederum ist zu einem nicht unerheblichen Anteil von den Gästen abhängig. Es gibt Menschen, für die kochst du echt gern. Wie für Christian beispielsweise. Christian stammt aus Wien und dort nennen sie Sauce Saft, weil sie kaum angedickt wird. Die Freude aufs Wiedersehen, über Christians Bestellung via Skype („Schieb auf jeden Fall einen Schweinsbraten ins Rohr!“) und die Präzisierung seiner Bestellung („Den mit Saft.“) – in mir frohlockte tiefe Zufriedenheit: über die Aussicht auf Schweinsbraten und Christian, den alten Buddy. Hach, es gibt halt Menschen, für die kochst du richtig gern. Du freust dich wie Bolle aufs Zusammensein, aufs Miteinanderreden, auf die Stille, wenn der erste Bissen im Mund verschwunden ist – und auf zufriedene Gesichter. Leere Teller schütten bei jedem Hobbykoch ja bekanntlich Glückshormon-Schwärme aus.

Es gibt allerdings auch Menschen, für die kochst du GAR NICHT GERN, musst du aber ab und wann. Beispielsweise für Schwiegermama mit Tante Otti im Schlepptau zu Ostern. Allein bei der Besuchsankündigung rumort es im Magen. Du fühlst dich im Nu wie gerädert. Die Kombination Schwiegermama/Tante Otti bedeutet: herumquengeln. Über das Fleisch, über die Sauce, über die Beilagen. Und: Oma Margret – der liebe Gott hat sie seit Jahren hautnah unter seinen Fittichen – kochte eh immer alles besser.
Oder Sabine. Sabine ist Freundin. Gute Freundin. Sonst wäre sie längst auf der Gäste-Streichliste. Es gibt kein Gericht, über das Sabine nicht klugscheißert: „Du, muss DA nicht noch eine Prise Safran dran...“.
Super auch: „Damals im Ach-ich-weiß-nicht-mehr-wie's-hieß war noch ein Hauch Kümmel zu spüren, meine ich.“
Geht's noch? Ruhig durchatmen!
Vergessen wir Christian, Schwiegermama, Tante Otti und Sabine – kommen wir zur Beantwortung der Frage: Für wen kochen Männer überhaupt?

Es gibt vier Kernzielgruppen:

Ehefrau/-mann, Partner/-in, Töchter, Söhne, Freunde, die auch bei Bratkartoffeln und halben Hähnchen fröhlich schwatzen, weil sie sich wie ein Honigkuchenpferd übers Wiedersehen freuen. Kochen hat da Verbindendes. Zugegeben, auch in diesem Kreis ist es nicht immer einfach, appetitlich auf einen Nenner zu kommen, aber tolerabel.

Menschen, für die du nichts kannst. Das sind die, die durch Ehefrau/-mann, Partner/-in, Töchter, Söhne, Freunde an deinem Tisch platziert werden, ob du es willst oder nicht. Schwiegersöhne in spe etwa. Wenn die Fettphobiker, Trennkost-Enthusiasten, Frutarier oder gar Fast-Food-Fans ohne Leidenschaft für genussvolles Essen sind, schrumpft die Auswahl aus deiner üppigen Kochkladde auf das Format von ein paar Oktavheftseiten. Klasse für jeden Hobbykoch sind auch Klein-Kinder in der Bockig-Phase vor einer Schüssel Pesto: „Das Grüne esse ich nicht!"

Gruppe drei ist eine Mixed Zone – auch für die kannst du meistens nichts. Da gibt es Frauen wie die gute Freundin der Dame deines Herzens, die mit ihrem jugendlichen Lover erscheint; das halboffizielle Geschäftsessen mit einem wichtigen Kunden, inkl. Haus- und Besitzstanddemonstration; und die Freizeitkollegen aus Frauengemeinschaft, Laienschauspielgruppe und Schützen- oder Karnevalsverein (manchmal Beides).

Als Clou mischen sich noch die *Sich-gerne-Selbsteinlader* unter die Kernzielgruppen. Die appen dich unbekümmert-fröhlich an, Uhrzeit piepegal und chatten, ob es gebongt ist, wenn sie Sonntag zum Essen kommen. Ihre Motive differieren. Sie reichen von „Ebbe in der Kasse", „keine Lust einzukaufen" bis zur „Suche nach Seelentrost in misslicher Lebenslage".

Andererseits sind aber auch höchst unterschiedliche Hobbyköche am Werk:

◎ *Der Unterstützer:* Ich mach schon mal das Dingsda.
◎ *Der Besserwisser:* Bäckchen? Nur vom Limousin.
◎ *Der Anfänger:* Spaghetti aglio e olio zum Zweiten.
◎ *Der Könner:* Carabinero-Garnele mit Birne, Bohne, Speck.
◎ *Der Selbstzweifler:* Stress beim Apfel-Sellerie-Schaum.
◎ *Der Verwüster*: Aufräumen? Putzen? Oder renovieren?

Erahnt ihr jetzt, warum Männer am Herd, die Haudegen der Moderne sind?

DÜSSELDORF

Das Weltdorf

Der Düsseldorfer lebt seine frankophile Passion. Das hat Geschichte. Zwischen 1795 und 1801 war die Stadt von französischen Soldaten besetzt wie schon einmal zuvor 1757 im Siebenjährigen Krieg. 1806 wurde das Herzogtum Berg, zu dem Düsseldorf zählte, von einem Schwager Napoleons erneut einkassiert. Napoleon selbst kam 1811 zur Inspektionsreise nach Düsseldorf, residierte im schmucken Schloss Jägerhof, verfasste etliche Dekrete, ließ die „Neue Alle“ pflanzen – das ist die heutige Königsallee – und kümmerte sich sogar um die Qualität von Speisen und Getränken in der Gastronomie.
Die Zahl der Gastronomiebetriebe war signifikant angewachsen, weil die stationierten französischen Soldaten nach Feierabend ihren Hunger und Durst besiegen mussten. Düsseldorf entwickelte sich also bereits Anfang des 19. Jahrhunderts zu einer Art Unterhaltungsmetropole. Das „Savor vivre“ hielt Einzug. Ein Düsseldorfer, der nicht mindestens ein paar Brocken französisch sprach, hatte es höchstwahrscheinlich schwer in diesen Zeiten.

Zurück zu Napoleon. Der stand eines Tages oben auf einem Hügel im Hofgarten und soll selig geseufzt haben „Das ist Klein-Paris“.

Napoleon ging – die französischen Spuren blieben. So hieß etwa der Gründer der Schlösser-Brauerei mit Vornamen Jean. Es gibt die Brend'amour-Straße und das Institut Francais. Jedes Jahr Anfang Juli findet das große Frankreichfest statt: La grande fête francais. Und anstelle von „Bürgersteig“ sagt mancher Düsseldorfer immer noch gern „Trottoir“.

Düsseldorf musst du mögen. JA oder NEIN! Die Stadt hat Gegensätzliches und lässt sich wegen ihrer Vielfalt nicht unter eine Begrifflichkeit packen. Modestadt? Messestadt? Kulturstadt? Kunststadt? Weltstadt? Handelsstadt? Gar Sportstadt? Vor allem Kö?
Ja, ich gebe es zu: Ich hab's mit der Königsallee. Von meinem ersten Düsseldorf-Tag an. Da bin ich an einem Samstag spätnachmittags über diesen schicken Boulevard gestiefelt (war kalt und ich hatte dicke Stiefel an) und anschließend in eine riesige Gaststätte spaziert. Die hätte auch auf dem Land als Gasthof bestehen können – bis aufs Altbier und den einen oder anderen modisch-extravagant gestylte Gast. Jedenfalls bestellte ich damals Kartoffeln, Frikadelle, Kohlrabi und fühlte mich zuhause. Richtig! Mitten auf der Kö im Benrather Hof, so hieß die ehrwürdige Wirtschaft, deren Inhaberehepaar persönlich das Wohl ihrer Gäste sicherstellte.

Das ist Vergessenheit. Abgerissen. Ein Stück Düsseldorf weniger auf der Kö. Jetzt sind dort in neuen coolen Gebäuden Langchamp und Gucci mit ihren Flagship-Stores adressiert. Inzwischen unterscheidet sich die Kö, abgesehen vom Imageglanz früherer Jahre, in nichts von den Shopping-Straßen anderer Metropolen: mit denselben Stores, Marken und Angeboten. Es haben nur sehr wenige Düsseldorfer Geschäfte den Zeitenwandel geschafft. Dafür gibt es heute an der Kö Aldi, wenn auch am etwas tristeren südlichen Ende.
Was unverändert ist? Mitten auf der einstigen Prachtmeile sitzen – also nicht vorm Aldi, sondern möglichst nördlich in der ersten Reihe eines Straßencafés – und hinter Sonnenbrillengläsern versteckt die flanierenden Menschen beäugen. Herrlich. Ein Laufsteg. Ein Schauspiel. Ein geschätzter Kollege *(Danke SH)* hat das so formuliert:

„Sommers dasitzen und gucken ist großes Kino. Junge Frauen, ältere Frauen und solche, die sich noch nicht entschieden haben, laufen an Ihnen vorbei. Viele atemberaubend schön, manche atemberaubend schön gekleidet, und hier und da ein paar, die atemberaubend danebengegriffen haben. Winters kommen hier Nerzchen und Zobelchen an die frische Luft. Ist es wärmer, werden Sie Dinge sehen, für die in Neheim-Hüsten das Ordnungsamt gerufen würde".

Düsseldorf ist natürlich nicht nur Kö oder Medienhafen mit seinen spannenden Bauten und ganz viel Schickimicki an Wochenenden. Düsseldorf ist international, bunt, bodenständig. Voller Gegensätze. Bummel mal durch Oberkassel und fahr anschließend nach Rath! Danach in die alternativen Viertel wie Flingern oder Bilk. Ein Abstecher nach Eller, Garath oder Holthausen kann auch Düsseldorf-Blickwinkel verändern. Gesagt, getan? Ein bisschen Kö-Bogen und Hofgarten auch? Dann hast du jetzt Düsseldorf wirklich erlebt und kannst dir einen Abstecher in die Altstadt zur Abrundung genehmigen. Prost.

Etliche internationale Konzerne haben in der Landeshauptstadt ihre Europazentralen. Japanische beispielsweise. Rund 400 Unternehmen und 10.000 Menschen aus diesem Land leben in Düsseldorf. Die Gegend in der City rund um die Immermannstraße heißt inzwischen selbst bei Google Maps „Little Tokio". Da sind sogar die Straßennamen zweisprachig auf Schilder geprägt.
Und Sushi zählt seit Jahrzehnten quasi zur bürgerlichen Küche der Stadt.

Bantuvolk i. Natal/Mz.

Wenn Männer kochen – bevorzugt an Wochenenden – kann das aufreizend zeitraubend sein. Nicht, dass sie wie in Slow Motion-Szenen durch ihre Küche langsamen. Es ist eher Gewissenhaftigkeit. Steht im Rezept, dass die rote Zwiebel halbiert und in knapp 0,15 cm breite halbe Ringe zerlegt wird, halten sich hobbykochende Männer präzise daran. Manch Grobmotoriker offenbart am Induktionskochfeld filigrane Talente.

Britta nimmt das stets gelassen. Vermutlich könnte ER sogar Erbsen schälen und vierteln, ehe SIE aus ihrer Ruhezone zzgl. Haut fährt. Das liegt gewiss am Kreuzworträtsel. In den Wochenendausgaben der Zeitungen sind immer besonders üppige Rätsel abgedruckt. Ausgebreitet auf dem Küchentisch rätselt Britta im Zeitungskreuzworträtsel los. Was schert SIE schließlich die Cocktailtomaten, die ER gerade überbrüht und häutet?

Als ein Rollentausch anstand – ER kriegt Dessert samt Drumherum nicht so gut hin wie SIE – griff ER zum Rätsel. Es ließ sich gut an. Die gediegene Halbbildung grüßte aus vergessenen Tiefen des Hirns und verschaffte schnelle Erfolgserlebnisse. Dann jedoch stockte das flotte Rätsellösen. So richtig geile Fragen tauchten auf:

„Bantuvolk i. Natal/Mz." ???

„altgriech. Waldgeist" ???

„Schabeeisen des Kammmachers" ???

„Abkürzung für „Bauch, Bein, Po" ??? ging da schon wieder. BBP – was sonst?

„Bou-fer“: Krise am Knusperteig

Für Menschen, die gerne mehrgängig-opulent kochen, sind Feste wie Weihnachten und Ostern so etwas wie für andere ein Fußball-WM-Endspiel oder das Finale des Eurovision-Song-Contest. Sie berauschen sich. Der kreative Kochmotor läuft auf vollen Touren.

Diese euphorisierende Hochstimmung erzeugt bemerkenswerte Ausprägungen eines ungesunden Selbstbewusstseins: Yep! Jetzt zeig ICH den Spitzenköchen der Welt, wo der Hammer hängt.

Klappt in der Regel nicht.

Wie bei Achim, der Ostersamstagabend am letzten, frisch zuzubereitenden Gang für acht Personen vehement schwächelte: „Zitronenmousse im Knusperteig auf englischer Creme mit Früchten der Saison“.

Ach Achim! Mach's doch einfach! Du brauchst nicht die Giebelnummer abliefern! Du musst nicht zu Paul Bocuse und Johann Lafer im Schnellkochtopf zu einer Person revolutionieren. Das ist nicht anwendbar.

Nichts zu machen.

Männer wie Achim fühlen sich nicht als Hobbykoch, sondern als verkanntes Profi-Genie, als BOU-FER.

Mancher Koch, der sich nicht in die ganz große Küchen-Welt gehackt und geröstet hat und stattdessen in einem gut-bürgerlichen Restaurant rund um die Uhr schuftet, träumt von Arbeitsfläche und Ausstattung wie in den Hobbykoch-Küchen der Achims dieser Welt. Und darin legieren und sautieren diese kochenden Herren oder lassen es in der Rührschüssel für Gang fünf schäumen, das es eine Wonne für sie selbst ist – und können doch erst nach dem Essen zum Plaudern mit den Gästen übergehen.

Zwischenmenschlich gesehen fehlt ihnen ein halber Abend.

Sekt zur Mittagszeit

Das Kaufhaus versprühte den leicht abgenutzten Charme der 1980er-Jahre-Gebäude. Im fünften Stock ein Restaurant. Das Ambiente nicht prickelnd, aber auch kein Finanzamt-Kantinen-Look; das Essen nicht gourmet-verdächtig, aber auch nicht schlecht.

Mittags, so ab 12 Uhr, sind die noch existierenden Großstadt-Kaufhaus-Kantinen Treffpunkt vieler Senioren. Sie sitzen da und genießen geruhsam als Tagesabwechslung bzw. -Highlight ihr Mittagessen. Häufig mit Anderen im lauten Gespräch. Man kennt sich. Auch preislich ist das Ganze zu stemmen.

Zwei blondierte, piekfein zurechtgemachte Damen, jenseits der Mitte-70-Jahre-Lebenslinie (vielleicht sogar ein wenig darüber?), passten so gar nicht ins Stammkundschaft-Klischee. Sie ließen es sich ostentativ anders gut gehen. Sie trugen kein Tablett mit Tagesgericht-Tellern zur Kasse, sondern eine Flasche Sekt mit zwei Gläsern.

Und da saßen sie am Fenster, blickten auf die Stadt, tranken Brut und redeten über dies und das und natürlich über ihre (fast schon großen) Enkel.

Sie lachten.

Sie sahen glücklich aus.

Paarkochen: so amazing

Wetten? Jeder Diplom-Chemiker kann kochen. Wessen Profession es ist, sein Leben lang die richtigen Zutaten in der exakten Menge dermaßen zu verbinden, dass nichts thermisch explodiert, der bewältigt auch jedes Rezept aus dem großen Italien-Kochbuch: Barolo-Schmorbraten, Dorade, Spaghetti con le Sarde und so. Das ist es aber nicht! Zum Kochen brauchst du – Rezept hin, Rezept her – viel Gefühl, das tief aus deinem Innersten strömt.
Kochen heißt Leidenschaft, Erotik, Verführung, kann aufwallen, betören, lieben. Nicht nur in engen Küchen kocht die schwärmerisch-entflammte Frau mit dem Mann ihres Herzens voll brodelnder Sinneslust. Und umgekehrt erst.
„Paarkochen ist so amazing“, hauchte Julia, die herzlich gerne in Cornwall urlaubt, mit verführerischer Note.
Wir gingen die Sache an.
Und jetzt Achtung: Nicht Jeder kann mit Jedem gemeinsam kochen. In Küchen herrschen Hierarchien! Stell dir vor, deine Julia motzt dich plötzlich an, weil sie schnell zwei Esslöffel Zwiebeln in Miniaturausprägung benötigt. Und zwar zackig. Ja, das war's dann mit amazing. Da bist du nur noch not amused. Bye-bye Leidenschaft, Erotik und Verführung! Der Champagner hat geschlossen.

Paarkochen will geplant sein! Vor allem, WAS gekocht wird. Spaghetti Pesto beispielsweise ist irgendwie öde: Einer Spaghetti, einer schraubt's Pestoglas auf oder wie? Da entsteht kochtechnisch ein gravierendes Ungleichgewicht. Auch sollte man sich partout geschmackvoll auf Augenhöhe bewegen. Falls du jemals ein Paarkochen bombig findest und es Jemandem vorschlägst und dieser Jemand spontan mit den Worten zusagt: „Krass, wir machen eine Pizza. Den Teig kaufen wir fertig. Tomaten, Oliven, Salami, Dose

Thunfisch direkt mit und du kannst dir eine Hälfte anders belegen.“
– dann geht das wohl auch!

Wir machten es anders.
Als Starter Hand in Hand über den Wochenmarkt geschlendert. In Vororten großer Metropolen gibt es wundervolle Märkte, die denen in kleinen Städten auf dem Land sehr nahekommen. Ein Festival der Gerüche. Ein Happening für die Augen. Eine Arena der Leidenschaft.
Und du mit der Frau deines Herzens mittendrin. Beziehungsweise umgekehrt oder superklasse: Beides – was die Sache knistern lässt. Da strahlen selbst die Schwarzwurzeln.
Und komm nun nicht auf die Idee, anschließend im Café Kaffee zu trinken! Dieser Starter hat Prosecco verdient. Smiley!
Wir besprachen die Strategie, draußen bei zwei Gläschen in der wärmenden September-Samstagmittag-Sonne: Vorspeise der eine. Dessert die andere. Hauptgang zusammen. Wir hatten Lust auf Eintopf zu zweit, auf Fischsuppe. Auf die Richtige. Ursprüngliche. Die ohne viel Chichi. Die sich sagenhaft gut gemeinsam kochen lässt: Julia schälte die Möhren, ich hackte den Fenchel. Und so weiter.
Ein Topf der Gefühle.
Wir zelebrierten unser Koch-Date: Sie im schwarzen Etuikleid; ich männlich-kongruent in Hosen.
Der Wein landete in der Suppe.
Wir blieben beim Brut.

Welche Farbe hat Currysauce?

Warum ist die Currysauce in Pommesbuden rot?
Schweigen.
Die Frage tauchte aus dem Nichts auf. Wir waren perplex.
Currygewürz sei (meistens) gelb, ergänzte Heiner, der Fragesteller.
Nicht unbedingt, besserwisserte Carsten.
Wir standen an einem Imbiss in Kaiserswerth, piekten mit Plastikspießchen Bratwurstscheiben und Pommes aus einer roten, mittelscharfen Sauce. Wir gestatteten einen kleinen Exkurs von Carsten (macht er immer so gerne...), weil uns das in diesem Moment total wichtig erschien.
Demzufolge verbindet die klassische Currysauce indische Gewürze – sind seinerzeit aus der britischen Ex-Kronkolonie nach Europa verschifft worden – mit der klassischen europäischen Küche. Und ja, die ursprüngliche Currysauce ist eher gelb. Auch heute noch, wenn sie zu Geflügel gereicht wird.
Das, was an Imbissständen über die zerschnittene Bratwurst gekippt wird, ist Curryketchup = Ketchup mit Curry, Essig und Zucker.
Danke, Carsten!

Ohne Pampe

Mit Einzug in meine erste (sehr kleine) Wohnung schwor ich mir – abgesehen davon, nur noch feine Cervelatwurst und Nutella zu frühstücken – nie wieder Königsberger Klopse!
Ich habe das gefühlt drei Jahrzehnte durchgehalten. Also das mit den Klopsen. Allein der Gedanke an meine Kindheit: Hackklopse mit Kapern in Mehlschwitzpampe...
Eines Tages zeigte mir ein profi-kochender Freund wie die Klopse wirklich gehen – und schmecken. Seitdem esse ich sie wieder.
Sehr gerne.

Königsberger Klopse

Einkaufsliste für 4 Personen
1 Brötchen vom Vortag, 1 Glas Milch, 2 Zwiebeln, 500 g Kalbfleischhack, 250 g Schweinemett, 1 Ei, 1 Lorbeerblatt, 50 g Butter, 4 El Mehl, 2 El Kapern, 200 g Schlagsahne, 1 Eigelb, ½ Zitrone, 1 Prise Zucker, Salz, Pfeffer.
Pack's an
◎ Brötchen 20 Minuten in Milch einweichen. Brötchen ausdrücken, in eine Schüssel geben.
◎ 1 Zwiebel schälen, fein würfeln. Mit Kalbfleischhack, Schweinemett, Ei, Salz, Pfeffer und Brötchen gut verkneten. 10 bis 12 Klopse aus der Masse formen.
◎ 1 Zwiebel schälen, halbieren. Zusammen mit dem Lorbeerblatt, 1 El Salz und 2 l Wasser in einem großen Topf aufkochen.
◎ Klopse ins Wasser geben, darin knapp 20 Minuten ziehen lassen.
◎ Klopse mit einer Schaumkelle herausheben, abtropfen.
◎ Fleischbrühe durch ein feines Sieb in eine Schüssel passieren.
◎ Butter in einem Topf zerlassen. Mehl einrühren, goldgelb anschwitzen. 1 Liter der Fleischbrühe und Sahne einrühren. Unter Rühren aufkochen. 5 Minuten köcheln.
◎ Weitere 4 El Sauce in eine kleine Schüssel geben. Eigelb hinein, verquirlen. In den Saucentopf umfüllen und rühren. Nicht mehr kochen lassen!
◎ Kapern mit 1 Tl Kapernsud in die Sauce geben. Mit Zitronensaft, Salz, Pfeffer und Zucker abschmecken.
◎ Königsberger Klopse in der Soße erhitzen, mit Salzkartoffeln servieren.

In Altbiersauce

Ihr glaubt nicht, wie viele Schweinerassen es gibt: weltweit etwa 150 verschiedene. Wir bleiben in Deutschland. Also wählen wir für diese rustikale Filetrezeptversion aus vom Schwäbisch-Hallischen Landschwein, Bentheimer, Westerwälder, Bocholter, Meißner, Oberpfälzer... Sauerländer! „Düsseldorfer" gibt's (noch) nicht.
Und die Sauce? Worin soll das Fleisch seinen ursprünglichen Geschmack entfalten?
„In Altbiersauce! Worin sonst? Wir sind hier ja eher kernig unterwegs", erstickte Carsten im Basta-Stil jede womöglich entstehende Diskussion, ehe sie überhaupt starten konnte.

Schweinefilet

Einkaufsliste für 4 Personen
1 kg Schweinefilet, 3 Zwiebeln, Sonnenblumenöl, Salz, Pfeffer aus der Mühle, ½ El Weizenmehl, ½ l Altbier, ½ l Rinderfond, 150 g Crème fraîche.
Pack's an
◎ Schweinefilet in nicht zu dicke Scheiben schneiden.
◎ Zwiebeln schälen, klein hacken.
◎ Filet im Öl anbraten. Herdplatte auf mittlere Hitze herunterschalten. Zwiebeln zum Fleisch geben und andünsten.
◎ Fleisch und Zwiebeln mit Salz und Pfeffer bestreuen. Mit Mehl bestäuben, kräftig rühren. *Am besten mit einem Holzlöffel.* Schnell mit etwas Bier ablöschen und weiter rühren.
Rühren ist total wichtig, weil es sonst klumpt.
◎ Rinderfond und das restliche Bier hinzugeben, alles gut 10 Minuten köcheln.
◎ Fleisch herausheben, warmstellen *(beispielsweise in Alu-Folie einpacken).*
◎ Sauce durch ein Sieb passieren, auffangen.
◎ Sauce einkochen. Crème fraîche mit einem Schneebesen einrühren, nochmals mit Salz und Pfeffer abschmecken.
◎ Das Filet anrichten. Mit der Sauce begießen.
Tipp: dazu Salzkartoffeln. Diese Goldgelben, Leckeren.

Niemals ohne Rübenkraut

Der Pillekoche weiß nicht so recht, was er sein soll. Irgendwie ein unprätentiöses Mittelding zwischen Speckpfannkuchen und Reibeplätzchen. Auf jeden Fall ist „Pillekoche“ eine einfache, leckere, deftige Mahlzeit. Dazu wird in Düsseldorf Altbier getrunken – und zwar optimalerweise das aus einer der Hausbrauereien. Und noch etwas ist fundamental: niemals Rübenkraut dazu vergessen.

Pillekoche

Einkaufsliste für 4 Personen
1 kg Kartoffeln, 120 g Speck, 4 Eier, 2 große Zwiebeln, Schweineschmalz *(Öl geht auch)*, 120 g Mehl, 200 ml Milch *(evtl. etwas mehr)*, 1 Bund Petersilie, 1 Bund Schnittlauch, Salz, Pfeffer, Muskat, 2 El Rübenkraut für obendrauf.

Pack's an
Pillekoche erfordert „sanftes Braten"!

◎ Kräuter waschen, hacken.
◎ Eier in eine Schüssel schlagen. Mehl und Milch dazu. Salz und frisch geriebene Muskatnuss ebenso.
◎ Mit einem Mixer ordentlich durchmischen, bis ein Teig ohne Klumpen entsteht. Zum Schluss die Kräuter hineinmengen.
Tipp: Wenn der Teig zu fest ist, einfach etwas Milch nachfüllen und mixen.
◎ Kartoffeln schälen, grob raspeln, ausdrücken.
◎ Speck und Zwiebel würfeln. Schmalz in einer großen Pfanne erhitzen. Speck auslassen. Zwiebeln dazu, glasig schmoren.
◎ Kartoffeln zum Speck-Zwiebel-Gemisch in die Pfanne geben. Alles mit Salz, Pfeffer und geriebenen Muskat würzen. Bei eher geringer Hitze gut 8 Minuten in der Pfanne lassen. In eine Schüssel umfüllen.
◎ Pfanne auswischen. ¼ der Kartoffel-Speck-Zwiebel-Kräutermasse wieder hinein löffeln. Darauf ¼ des Teigs. Beides zusammenrühren und auf beiden Seiten in jeweils ca. 8 Minuten goldbraun ausbacken. Herausnehmen, im Backofen warmstellen, den nächsten Pillekoche in Angriff nehmen.
◎ Pillekoche vorm Servieren mit einem Klacks Rübenkraut highlighten.

Mit Birne? Ab und zu

Im Weltdorf Düsseldorf ist die Zahl der Steakhäuser regelrecht eskaliert. Da obendrein in nahezu jedem Restaurant ebenfalls Steaks auf der Karte stehen (die unsägliche Massentierhaltung lässt grüßen), kommt man daran irgendwie nicht vorbei. Ist ja auch lecker, ab und wann so ein richtig gutes Steak, wobei die Betonung auf „richtig gut“ also auf Qualität liegt!
„Die Kombi Fleisch und Obst geht für mich gar nicht“, höre ich noch Michaels fast heulend vorgetragenen Einwurf als ich mal Hähnchen mit Früchte-Curry zu kochen auch nur in Erwägung zog. Wir mussten ihn zu diesem Steak überreden. Sein verblüffendes Fazit: „Klasse. Geht. Ab und zu!“
Finde ich auch.

Rumpsteak

Einkaufsliste für 4 Personen
4 Rumpsteaks à 250 g, 30 ml Öl, 2 Zweige Rosmarin, ½ Tl schwarze Pfefferkörner, ½ Knolle frischer Knoblauch, 3 feste Birnen, 4 Zwiebeln, 30 g Butter, 20 g brauner Rohrzucker, 40 ml weißer Balsamico-Essig, 80 ml Birnensaft, Salz, Pfeffer, Chiliflocken, Meersalz.

Pack's an

◎ Rumsteaks mit Öl, Rosmarin, zerstoßenen Pfefferkörnern und dem halbierten, ungeschälten Knoblauch in einen Gefrierbeutel packen. Über Nacht – mindestens aber 3 Stunden – im Kühlschrank marinieren.

◎ Steaks aus der Marinade nehmen. Bei Zimmertemperatur eine halbe Stunde liegen lassen.

◎ Backofen auf 100 Grad schalten.

◎ Steaks salzen, in einer heißen Pfanne von jeder Seite 90 Sekunden braten. Im heißen Ofen 15 Minuten garen. Pfanne stehenlassen.

◎ Birnen waschen, halbieren, entkernen, in Spalten schneiden.

◎ Zwiebeln abziehen, in Spalten schneiden.

◎ Butter in einer zweiten Pfanne schmelzen. Birnen und Zwiebeln darin anbraten. Mit Zucker bestreuen, goldgelb karamellisieren. Mit Balsamico und Birnensaft ablöschen. Sämig einkochen. Mit Salz, Pfeffer und Chili würzen.

◎ Rumpsteaks aus dem Ofen holen. Schnell noch mal in der ersten Pfanne kurz nachbraten, evtl. mit dem ausgetretenen Fett beschöpfen. Mit Meersalz würzen und zusammen mit den karamellisieren Birnen und Zwiebeln anrichten.

Dazu? Rosmarinkartoffeln!

Grün nicht wegwerfen

Kartoffel und Kohlrabi vergeschwistern sich in diesem Löffelgericht zu einer famosen Geschmackseinheit. Weggeworfen wird auch nichts, weil selbst das Kohlrabigrün „verwurstet" wird. Dieser Eintopf eroberte unlängst einen Freund, dem sonst Suppen vollkommen schnuppe sind. Er füllte zweimal nach.

Kartoffel-Kohlrabi-Eintopf

Einkaufsliste für 6 Personen
500 g Kohlrabi mit Blattgrün, 250 g Kartoffeln, 1 Stange Porree, 40 g Butter, 1 l Gemüsefond oder -brühe, 100 g Crème Fraîche, 1 Glas trockener Weißwein *(also 0,2 l)*, wer's mag: etwas Estragon, Salz, Pfeffer.

Pack's an

◎ Blattgrün vom Kohlrabi abmachen, waschen, beiseitelegen.

◎ Kohlrabi, waschen und schälen. Die Hälfte davon grob zerkleinern. Den Rest in Stifte schneiden.

◎ Porree waschen, in Ringe schneiden. Kartoffeln waschen, schälen, vierteln.

◎ Butter im Topf zerlassen. Grob zerkleinerten Kohlrabi, Porree und Kartoffeln darin 10 Minuten andünsten, leicht salzen. Mit dem Fond auffüllen und zugedeckt bei kleiner Hitze gut 25 Minuten köcheln lassen.

◎ Suppe mit dem Stabmixer pürieren. Restliche Kohlrabistifte hinein. 5 bis 8 Minuten köcheln lassen. Hitze reduzieren. Crème Fraîche unterrühren. Mit Salz, Pfeffer und Weißwein abschmecken.

◎ Kohlrabigrün fein schneiden, in die Suppe geben.

Tipp: Etwas gehackten Estragon einstreuen.

Bitte aufwärmen

Der volkstümliche Düsseldorfer liebt sein „Durchjemüs“. Ganz oben auf seiner lukullischen Bestseller-Liste der Abteilung Hausmannskost residiert die Variante „Möhren-durch-Gemüse“. Diese Variante wiederum erfreut sich gleich dutzendweise erprobter Modifikationen. Hier ist Eine davon, die in Richtung Eintopf geht.
„Durchjemüs“ lässt sich wunderbar aufwärmen. Ist wie bei Grünkohl oder Erbsensuppe: Schmeckt danach noch besser.

Möhren-durch-Gemüse

Einkaufsliste für 4 Personen
1 kg Möhren, 1 kg Kartoffeln, 3 Zwiebeln, 300 g durchwachsener Speck *(kann auch weniger sein)*, 4 geräucherte Mettwürste, 2 Liter Gemüsebrühe, 1 El mittelscharfer Senf, eine Prise Zucker, Salz, Pfeffer, etwas Liebstöckel, 3 Lorbeerblätter, Sonnenblumenöl, glatte Petersilie zum Garnieren.
Pack's an
◎ Möhren putzen, Kartoffeln schälen. Beides in nicht zu kleine Stücke schneiden.
◎ Zwiebeln schälen und klein hacken.
◎ Öl in einem großen Topf erhitzen. Speck auslassen, Zwiebeln zugeben. Etwa drei Minuten leicht brutzeln.
◎ Möhren und Kartoffeln hinein. Mit Gemüsebrühe auffüllen, bis alles bedeckt ist. Mettwürste in dicke Scheiben schneiden, mit den Lorbeerblättern und dem Senf dazu geben.
◎ Das Ganze gut 45 Minuten köcheln lassen.
Tipp: Unbedingt die Kartoffelprobe machen: Einstechen, um festzustellen, dass sie nicht matschig werden.
◎ Zum Schluss je nach Geschmack und Vorliebe: mit Salz, Pfeffer, gehackte Petersilie, einer Prise Zucker und etwas Liebstöckel feinschmecken.

Düsseldorf-like

Preisfrage (Gewinn ist ein Eintopf-Essen): Warum trägt diese Gulaschsuppe das Etikett „Düsseldorfer"? Etwa weil eine Flasche Altbier hineinkommt?
Jedenfalls: Irgendwann, irgendwo dieses Rezept gefunden, ausprobiert, variiert – und seitdem oft gekocht. Das ist mal eine Gulaschsuppe. Ein bisschen chic-chic ist auch dabei: Das Topping aus Crème Fraîche und Schnittlauch – das Etikett „Düsseldorf" muss ja passen.

Gulaschsuppe

Einkaufsliste für 6 Personen
1,5 kg Rindergulasch, 2 Gemüsezwiebeln, 2 Knoblauchzehen, 1 Zitrone, 60 ml Sonnenblumenöl, 125 g Tomatenmark, 1 El Mehl, 1 El Paprikapulver edelsüß, 1/2 El Paprikapulver rosenscharf, 1 Tl Majoran, 3 Lorbeerblätter, 3 El Düsseldorfer Senf – *den scharfen*, ½ l Düsseldorfer Altbier, ½ l Rinderfond, Salz, Pfeffer, 200 g Crème Fraîche, ½ Bund Schnittlauch.
Pack's an:
◎ Zwiebeln schälen, grob hacken. Gepellte Knoblauchzehe sehr fein zerlegen. Zitrone heiß waschen, trocknen, 3 Streifen Schale abschälen.
◎ 20 ml Öl in einem großen Bratentopf erhitzen. Die Hälfte des Gulaschs darin kräftig anbraten bis das Fleisch braun ist. Herausnehmen, in einer großen Schüssel zwischenlagern.
◎ Wieder 20 ml Öl erhitzen und die andere Hälfte Fleisch braun anbraten. Herausnehmen, in die Schüssel geben.
◎ Das restliche Öl in den Topf gießen. Darin Zwiebeln und Knoblauch anbraten. Dabei rühren.
◎ Fleisch samt Fleischsaft zurück in den Topf. Salzen und pfeffern. Tomatenmark hinzufügen, gut 2 Minuten rösten *(rühren nicht vergessen!)*. Mehl darüber stäuben. Wieder rühren, rösten – 1 Minute lang.
◎ Beide Paprikasorten, Majoran, Senf, Lorbeer und Zitronenschalen *(beide im Gewürzsäckchen)* in den Topf geben. Mit Altbier, Fond und ½ l Wasser ablöschen. Deckel drauf. Bei niedriger Hitze gut 1 ½ Stunden köcheln lassen. *Tipp: Zwischendurch mal nachschauen und evtl. etwas Wasser nachfüllen.*
◎ Gewürzsäckchen mit Lorbeer und Zitronenschale herausfischen.

◎ Suppe mit Salz und Pfeffer nachwürzen.
◎ Crème Fraîche glattrühren, Schnittlauch in Röllchen schneiden.
◎ Gulaschsuppe auf tiefe Teller löffeln und mit einem großzügigen Klecks Crème Fraîche toppen. Schnittlauchröllchen darüber streuen.
Dazu? Frische Brötchen und Altbier.

FLANDERN

Lecker zugebaut

Welliges Meer. Plattes Land. Sprach-Kauderwelsch. Eine Hauptstadt mit einem pinkelnden Wahrzeichen: Männeken Pis. Orte mit ulkigen Namen: Mannekensvere. Eine 65 Kilometer lange Sandküste zubetoniert mit herausragenden Bausünden in 15 Badeorten: Westkust. Meist kräftiges Essen mit einem wohl temperierten Trappisten-Bier oder einem Ballon Rotwein. Je nach dem.
Willkommen in Belgien. Präzise in Flandern.

Das Haus war alt. Etwas windschief. Der Backstein weiß gestrichen. Am Einfahrtstor splitterte der Lack. Zwischen Basaltsteinen wirkte Unkraut wie eine Inszenierung. Morbider Charme eroberte den Betrachter.
Zufall? Ein paar Wochen später prangte ein schreiend gelbgrelles Schild im Fenster: „Te Koop / A Vendre“. Mein kehliges Jauchzen hat höchstwahrscheinlich damals die nahe Grenze zu Frankreich überschritten. Die Suche und die elendigen Besichtigungen – meistens sah es drinnen ohnehin immer anders aus als im Exposé – waren beendet, zumal sich das Innenleben des Hauses in einem überraschend properen Zustand offenbarte. Ok, der ausgelatschte blumige Teppichboden jetzt vielleicht nicht und die gefühlt aus dem Beginn des 19. Jahrhunderts stammenden Badarmaturen noch weniger. Die Heizung kollerte ein wenig. Dafür wärmten zwei Kamine – einer im oberen Stockwerk, einer unten.

Der Flame an sich ist keineswegs stieselig. Bisschen stur vielleicht. Aber in Sachen Dickschädel sind Sauerländer ohnehin weit vorne. Kein Wunder also: Ich kam hier am südlichsten Teil von Flanderns Küste sofort problemlos klar: mit den Handwerkern, die terminlich das akademische Viertel grundsätzlich stundenlang ausdehnten, mit überbordender Bürokratie, die ein Hauskauf und Wohnungswechsel Dominoeffekt-ähnlich auslösten, und auch mit dem Sprach-Kauderwelsch. Jahre später kommentierte dies eine niederländische Freundin so: „Deinen Dialekt kannst du vielleicht auf einem flämischen Bauernhof sprechen, aber bitte nicht jetzt in diesem Restaurant."

Dialekte unterscheiden sich in Flandern manchmal von Nachbarort zu Nachbarort – ist vielleicht etwas übertrieben, aber nicht viel. Mein Plan, meine rudimentären Französisch-Kenntnisse aufzuhübschen, scheiterte grandios. Der Flame spricht von Haus aus niederländisch und französisch und ein bisschen deutsch und englisch sowieso. Freundlich wie er nun mal ist, wechselt der Flame sofort in die Sprache seines ausländischen Gegenübers, sobald er dessen muttersprachlichen Braten riecht. Meine französisch (unter Zuhilfenahme eines Lexikons) vorbereitete Bestellung im Fischladen konterte der Inhaber in leicht rheinischen Slang: „Nehmen se lieber den Wolfsbarsch hier, Jung."

So lief es überall: beim Metzger, im Getränkemarkt, in der Bäckerei. Zwar grüßte man mich nach einiger Zeit mit „Monsieur Max", was an meinem Boxerrüden lag, der Max hieß, ein Charmebolzen auf vier Beinen war und sich überaus großer Beliebtheit erfreute. Selbst in Restaurants reservierte ich der Einfachheit halber direkt auf „Monsieur Max". Das war's dann aber auch schon mit der französisch-deutschen Sprachkoppelung. Notgedrungen drehte ich den Spieß um, sagte meinem Ich-lern-aber-jetzt-französisch-Plan au revoir und übte flämischen Dialekt wie er im Ort eher gegurgelt denn gesprochen wurde. Das kam echt gut an und produzierte herzhafte Lacher, bis Tränen über die Wangen liefen.

Und ich lernte kochen!

Ein Mann, der Clais mit Vornamen hieß, stand in seinem eigenen kleinen Restaurant am Gasherd – ihr werdet nachher noch von ihm lesen. Wir waren uns sympathisch. Er freute sich, dass ich gerne koche und gutes Essen zu schätzen wusste. Nach seiner getanen Küchenarbeit haben wir gemeinsam manchen Ballon Rotwein an vielen Spätabenden im Restaurant, wenn alle Gäste gegangen waren, geleert und über die großen Dinge und kleinen Begebenheiten philosophiert: Fußball, Altersvorsorge, Inflation etc. Solche Themen halt.

Eines Samstagabends tauchte kurz vor Küchenschluss eine französische Großfamilie auf, u. a. mit gebiss-reduzierter Oma, Sohn im Lulatsch-Format und nörgelnden Zwillingstöchtern im Backfischalter. Franzosen, so raunte mir mein Freund zu, ehe er sich mit Block bewaffnet für die Bestellung positionierte, also die würden zwar immer Menüs essen, aber die durcheinander bringen. „Kann ich statt zweitem Gang auch das haben oder statt Huhn Kalbfleisch?“
Oma wollte in diesem Fall Reis statt Pommes. Die Backfisch-Zwillinge lieber als Vorspeise geräucherten Lachs statt Tagessuppe und die Eltern fragten, ob zur Seezunge die Sauce Nantua gereicht werden könne. Diese Sauce, die ausschließlich zu Fisch serviert wird, ist ein arrivierter Klassiker der französischen Küche u. a. aus Béchamelsauce, Crème fraîche und Krebsbutter.
Die Mutter des ganzen Ensembles legte einen Katapultstart hin: direkt zwei Picon à la maison vornweg, dazu etwas Salziges und um Himmelswillen kein Fischfilet, weil nur ganze Fische gaumenfreundlich sind und man nur so wisse, was wirklich auf dem Teller liegt. Und ob er, Clais, den Fisch

mit Kräutern füllen könne. Natürlich würden Pommes de Terres mit Rosmarin dazu passen.
Ihr Mann bestellte Steak und interessierte sich mehr für die Rotweinauswahl.
Ich hatte mich wohlig satt entspannt zurückgelehnt, um das verblüffende Spektakel einzusaugen und ein letztes Glas Wein in Erwartung eines ganz großen Kinos zu genießen.
Denkste.
Clais winkte elanvoll hinter der offenen Küchentür, in dem er mit beiden Armen ruderte. So landete ich den ersten Abend meines Lebens als Küchen-Hiwi am Muschelherd, über dem auf einem Regalbrett die schwarzen Muscheltöpfe samt Deckel thronten. Suzanne, die Aushilfsköchin kümmerte sich um Vorspeisen, Salat und Pommes Frites, Clais um Fisch, Fleisch und ums große Ganze. Nach maximal kurzer Anweisung haute ich acht Portionen Muscheln raus, fünf davon dezimiert als Vorspeise vorneweg. Darüber löffelte ich die vorbereiteten und nur kurz zu erhitzenden Saucen. Ich zählte fünf Varianten. Da blieb noch Zeit zum Pommes frittieren, weil Suzanne sich um Omas Reis-Timbale kümmerte.
Eine gute Stunde später beendeten wir den Abend mit einem großzügigen Glas Rotwein und verabschiedeten uns mit der Hand zum High-five.
Das Ding war gerockt!

Es folgten noch viele Abende in Clais‘ Küche. Es war eine unglaubliche Freude an der Seite eines Profis mein Hobbykoch-Wissen wesentlich zu verbessern. Glaubt mir: Da lernt ihr Tricks und Kniffe, die in keinem Kochbuch stehen.
Dank u wel, Minheer.

Verhindert Küchenstress

Ich mag Eintöpfe! Als Kind, als Erwachsener, als Senior in spe. Als Hobbykoch allemal, wenn du einige Jahre in Westflandern über die scheinbar allgegenwärtige Soup van de Dag täglich gestolpert bist: Keine Restaurant-Speisekarte kommt ohne aus.
Eintöpfe haben einen wunderbaren Vorteil. Bei einer Gästeanzahl oberhalb der Acht-Personen-Grenze, treibt ein Fünf-Gang-Menü à la Minute auf vier bis sechs Herdplatten jeden Freizeitkoch zum Wahnsinn. Und das wollen wir ja nicht. Drum ist das Eintopf-Prinzip gegen Küchen-Stress eine ganz feine Sache. Motto: Mach Löffelgerichte! Das sind die aus einem Topf. Lässt sich super entspannt vorbereiten und wunderbar variieren. Schick ist es sogar, die Töpfe zur Selbstbedienung in die Tischmitte zu stellen.

Ein weiterer, nicht zu unterschätzender Vorteil: Ist die Tischgesellschaft von bekennenden Fleisch-Essern ebenso durchsetzt wie von „Am-liebsten-nur-noch-vegetarisch“-Essern – bereitest du mehrere Eintöpfe vor. Dann nennst du das Ganze „Löffel-Menü“ und bist ganz locker weit vorne... Ich weiß, wovon ich schreibe.

Dank an die Freundin-Freundin

Du hast zum Essen zu dir nach Hause eingeladen. Immer wieder spannend: Was wohl als Aufmerksamkeit mitgebracht wird? Nicht, dass das Auswirkungen auf der Sympathieskala initiiert, aber im Laufe der Jahre sind mitunter kuriose und niemals erwartete Mitbringsel am Start gewesen. Darunter auch Dinge, die du m. E. direkt in die Tonne kloppen kannst.

Nachwirkend topp: Selbst gemachter Eierlikör getreu dem Panikgebot: Du sollst keinen Likör neben dem Eierlikör haben... Jedenfalls: Darin 250 ml Weingeist mit 69 Prozent Alkoholgehalt des Typs „Prima Sprit". Salmonellengefahr ausgeschlossen. Die sind schon bei 14 Prozent Alkoholgehalt ümm.

Eine Freundin hatte eine grüne Idee. Sie brachte von ihrer Freundin, die Bio-Essen „lebt", zwei ausrangierte Marmeladen-Gläser mit.

Der Inhalt?

Wunderbar.

Die Freundin überreichte selbst eingelegte Gurken in Curry und ein Rucola-Pesto der Marke „Da schmeißt Du Dich weg".

Ein Haltbarkeitsdatumhinweis war komplett überflüssig – beide Gläser waren in drei Tagen leer.

Und ich habe die Freundin beiläufig gefragt, wann sie endlich wieder zum Essen kommt und am besten die Freundin gleich mitschleppt.

Leben und leben lassen

„Was gehen wir morgen Essen“, überlegte ein bisschen stirnrunzelnd und in deutscher Sprache radebrechend Clais. Er meinte nicht den Besuch eines Restaurants. Wäre ja auch Quatsch. Clais besaß sein Eigenes. Flämisches. Gleich am Meer.
Die Uhr signalisierte: später Samstagvormittag: Clais-Time! In seinem blauen Jogginganzug (Huub-Stevens-Style) nahm er samstags gern um diese Zeit auf einem Stuhl in meiner Küche Platz. Dabei sah er immer ein bisschen zerknautscht aus, so als hätte er eine Nacht auf der Parkbank gepennt. Bei Caffè Creme entwickelte Clais gestenreich seine Ideen für das sonntägliche Mittagsmenü-Highlight. Dieser lukullische Wochen-Hit schaffte es nie auf die Speisekarte. Sollte er auch nicht. Stattdessen wurde er samt möglichen Alternativen – man weiß ja nie, was Markt, Fischladen und Schlachter hergeben – im gedämpften Tonfall an den Tagen vor Sonntag allen Stammgästen zugeraunt, gern auch auf dem Trottoir vorm Restaurant. Weil die wiederum sonntagmittags nahezu alle Tische seines 42-Plätze-Restaurants belegten und nur zu gern seiner Empfehlung folgten, war die Disposition der benötigen Lebensmittel kein kalkulatorisches Wunderwerk.

Clais‘ Restaurant versprühte Bistro-Charme. Die vielen Touristen fanden die Menü-Bausteine überaus ausreichend: „Dagsoep“, „Garnaalkroketten van het huis“ oder „Sla met Geitekaas“ als Vorspeise; „Chocoladenmousse“, „warme Karamelvla“ oder „Roomijs“ zum Dessert. Dazwischen „Steak“, „Mosselen“ oder „gebakken Zeetong“, manchmal auch „Zalm“. Bei den Muscheln konnte zwischen vier verschiedenen Zubereitungsarten gewählt werden: „natuur met groenten“,

„met witte wijn“, „Duchesse Anne met look en room“ und „met look, witte wijn, pepers“.
Getreu dem traditionellen flämischen Motto „Leben und leben lassen“ hatte es sich Clais gemütlich-behäbig eingerichtet. Er bekam in seiner Küche keine Stressattacken. Seine touristischen Gäste murrten nie. Im Gegenteil: Sie fanden Ambiente, Essen und Preis außerordentlich adäquat. Auch die um die Hälfte gedrosselten Portionen, denen – je nach Kind oder Greis – das Etikett Kinder- oder Seniorenteller verpasst wurden. Feiner Unterschied: Die Kinder-Variante enthielt einen Lutscher als „ad on“.

Die Stammgäste hingegen, allesamt kulinarisch anspruchsvoll, erfuhren sonntags individuelle Empfehlungen aus der klassischen flämischen Küche. Bei Reservierung und Vorbestellung übertraf sich Clais, der in seinem früheren Leben in erstklassigen Küchen gelernt hatte und bis zum Sous-Chef eines 3-Sterne-Tempels aufgestiegen war. Seine „Loze vinken met mosterd“ (Rouladen mit Senf), „Vlaams Konijntje“ (Kaninchen in Biersauce) oder „Waterzooi met kabeljauw“ (Fischsuppe mit Kabeljau) schmeckten wie aus der Kategorie „unfassbar“. Und wer einmal bei Clais den „Brabantse Fazant“ (Fasan mit Chicorée) verspeist hat, der isst ihn vermutlich nirgendwo anders mehr (Rezept hab‘ ich).
Flandern-konform immer dazu und dabei, manchmal auch davor: frische Vlaamse frites, die durch ein zweimaliges Ölbad zur goldgelben, knusprigen Delikatesse brodeln.
Ach ja, an jenem eingangs beschriebenen frühen Samstagvormittag entschieden wir uns u. a. für „Asperges op z’n Vlaams“ (Flämischer Spargel).
Mächtig lecker.

Horizont-Erweiterung

Wer sich über mehr als drei Jahrzehnte als Hobbykoch in seiner Freizeit entwickelt hat, bei dem kehrt irgendwann am Herd Gelassenheit ein. Im Grunde kennst du sämtliche Lafer-Rezepte mehr oder weniger in- und auswendig, das große Italien-Kochbuch blättert sich tief drinnen in dir auf und das prinzipielle, französische Küchen-Einmaleins beherrscht du in – sagen wir mal – sehr groben Zügen irgendwie auch. Was soll dich da erschüttern?
Als eine Essenseinladung an Marie und Claude anstand, gesellte sich zur Gelassenheit, Souveränität und – ja auch das – eine leicht lässige Überheblichkeit. Die gipfelte in der Feststellung: „Sagt, was ihr gerne essen wollt – ich mach's!"
Das Schöne am Hobbykochdasein ist ja, dass du nur kochst, was du auch selbst magst. Ein Profi kann das so nicht. Wenn ihm beispielsweise Innereien aus dem Hals heraushängen, muss er trotzdem Nierchen säuern, weil Gäste sie halt auf der Karte wünschen und der Restaurantleiter immer gerne reinquatscht.
Na, ich traute mich was!
„Burger!" antworteten Marie und Claude unisono.
„Jetzt echt?" versuchte ich einzuwirken.
„Ja klar, ist doch riesig!" entschieden die Beiden kategorisch.
Ups, Burger, das hatte ich noch nie im Repertoire, weil ich meine Vorurteile pflegte: meistens eine Spur zu fettig, meistens schwierig zu handhaben mit Messer und Gabel. Per Hand brauchen Menschen wie ich Waschbecken und Duschhandtuch in der Nähe.

Nun also Burger.
Ich nahm's sportlich und tauchte tags drauf in eine der angesagtesten Burger-Lokalitäten des Arrondissements,

eine Frituur in Veurne, ein, um die Dinger auszuspähen. Ein überaus positives Erlebnis: optisch, geschmacklich, vielfältig. Vor und hinter mir lauter schmatzende und schwatzende Menschen, deren Gesichter in der hitzigen Frituur glücklich glühten. Der Raum war „ausverkauft".
Akribisch wälzte ich mich online durch mindestens 20 Websites mit gefühlten 200 Rezeptvarianten. Daraus bastelte ich mir meinen Burger-Klassiker, probte, aß, änderte, variierte, radelte wieder nach Veurne und forschte weiter. Mit Erfolg.
In Ermangelung einer dieser höchst praktischen Burgerpressen war alles handmade. Marie und Claude bekamen eine wahre Burger-Burg serviert. Ganz unauffällig platzierte ich dazu riesengroße Stoffserviettentücher aus dem Bestand von Tante Anna's Erbe.
Wir sprachen nicht viel am Küchentisch, stattdessen zerlegte jeder mampfend-konzentriert seine Burger-Burg und schaute wie die Frituur-Gäste in Veurne irgendwie glücklich drein.

Dazugelernt? Ja klar! Einfach was anderes ausprobieren, kann Hobbykoch-Horizonte erweitern.
Demnächst gibt's Dürüm.

Küchenklatsch

„Ich kann das Geschwätz von Kohlenhydraten, Gluten und Health Eating nicht mehr hören."

Quelle: Christian, Wiener und Fleischliebhaber.

Tipp: Wichtig beim Selfmade-Burger: Erst die Brioche-Brötchen an den Start bringen. Der Teig macht kaum Arbeit. Er braucht aber viel Ruhezeit. Als Dankeschön verschafft er Entspannung am Herd wenn's an die Burger geht. Diese Buns lassen sich super vorbereiten – und problemlos einfrieren.

Brioche Burgerbuns

Einkaufsliste für 6-8 Personen
Vorteig: 100 ml Vollmilch (leicht erwärmt), 20 g Weizenmehl (550 er), 3 g Trockenhefe
Teig: 380 g Mehl (550er), 120 ml Vollmilch, 55 g Butter in kleine Würfel geteilt, 30 g Zucker, 2 Eier, 4 g Trockenhefe, 10 g Salz.
Tipp: Alle Zutaten müssen Küchentemperatur haben.
Zum Bestreichen: 1 Ei, 1 El Vollmilch, 1El Sesam (hell und dunkel gemischt)
Pack's an
◎ Für den Vorteig Mehl mit 3 g Hefe vermengen. Mit erwärmter Milch übergießen. Masse mit einem Holzlöffel zu einem cremigen Teig vermengen. Einige Minuten erkalten lassen.
◎ Mehl, Zucker, Hefe mischen. In eine Küchenmaschine mit einem Rührhaken geben. Milch unter niedriger Geschwindigkeit eingießen.
◎ Abgekühlten, leicht gegangenen Vorteig hinzufügen. Ebenso Salz und Eier.
◎ Wenn die Masse langsam zu einem Teig geknetet ist, folgen nach und nach die Butterwürfel.
◎ Teig noch einige Minuten weiter kneten, bis er geschmeidig und glänzend ist.
Tipp: Zwischendurch immer wieder die am Rand haften gebliebenen Teigreste mit einem Teigschaber einarbeiten.

◎ Teig auf eine leicht bemehlte, kühle Arbeitsfläche stürzen. Viermal von außen nach innen klappen, zu einer geschmeidigen Teigkugel formen.
Dies erzeugt eine Oberflächenspannung, die dem Teigling eine innen sehr fluffige und außen eine glatte, minimal krosse Schicht gibt.
◎ Teig wieder in eine Schüssel geben. 1 Stunde bei Küchentemperatur abgedeckt ruhen lassen.
◎ Teig nochmals leicht bemehlen, auf eine Arbeitsfläche geben.
◎ Glatten Teig zu einer gleichmäßigen Schlange formen und in 6 bis 8 Teiglingen zerteilen. Diese sollten dann ca. 100 g schwer sein.
◎ Mit Abstand zueinander auf ein mit Backpapier vorbereitetes Backblech legen. Teiglinge nochmals 30 min (je nach Küchentemperatur) zugedeckt gehen lassen.
◎ Nach Erreichen der fast doppelten Größe den Ofen auf 180 Grad vorheizen.
◎ Eier und Milch zum Bestreichen vermengen und die Brötchen damit leicht bepinseln. Sesam obendrauf streuen und etwa eine Viertelstunde bei 180 Grad Ober-/Unterhitze goldgelb backen.

Selfmade Burger

Einkaufsliste für 4 Personen
600g Rinderhack, 4 Brioche-Burgerbuns, 4 Scheiben mageren Speck, 2 reife Ochsenherzentomaten (große reife Rispentomaten tun es auch), 1 Gewürzgurke, 2 große Gemüsezwiebeln, 2 kleine Romanasalate, etwas Ketchup und BBQ-Sauce nach Geschmack, 2 El Butter, etwas gutes natives Olivenöl, etwas Tabasco oder Chiliflocken, Salz und Pfeffer

Pack's an

◎ Gemüsezwiebeln schälen, halbieren, in dünne Streifen schneiden.

◎ Zwiebelstreifen in der Butter anschwitzen, mit etwas Salz und Pfeffer würzen. Hitze reduzieren und nebenher bei gelegentlichem Umrühren ca. 30 Minuten goldig schmoren.

◎ Rinderhack mit wenig Tabasco oder Chiliflocken und wenig Salz/Pfeffer würzen.

Info: Richtwert ca.4 g Salz auf 600 g Rinderhack. Die Masse wird nur leicht gewürzt, um die Struktur des Fleisches zu erhalten. Deswegen das Hackfleisch auch nur leicht und zügig vermengen. Die Hauptwürzung kommt erst nach dem Garen.

◎ Hackfleischmasse in 4 ca. 150 g schwere Portionen aufteilen. Anschließend in 8 cm Durchmesser breite Scheiben formen.

Tipp: Dies geht zum Beispiel gut mit einer Backausstechform und einem Glas als Stempelersatz.

◎ Reife Tomate und Salatgurke in gleichmäßig dünne Scheiben schneiden und auf einen großen Teller verteilen. Mit Salz, Pfeffer würzen und mit etwas Olivenöl beträufeln.

◎ Romanasalat waschen, trocknen und in einzelne Salatblätter zerlegen.

◎ Grillpfanne erhitzen, mit wenig Öl einfetten.

◎ Speckscheiben kurz von beiden Seiten anbraten, herausnehmen.
◎ Hackfleisch-Patties von jeder Seite 3 Minuten braten *(Medium gegart)*. Anschließend mit ordentlich Salz oder Salz Flakes und Pfeffer aus der Mühle nachwürzen.
Tipp: Patties und Speck mit Alufolie abdecken, um sie warm zu halten.
◎ Brötchen kurz im Ofen goldgelb aufbacken und danach halbieren
◎ Nun wird der Burger zusammengebaut. Auf die untere Briochehälfte etwas Ketchup und 2 Salatblätter legen. Darauf in folgener Reihenfolge: Patty, Speck, geschmorte Zwiebeln, Gurken- und Tomatenscheiben, BBQ-Sauce und zum Schluss die obere Briochehälfte.

Met een drepke

Zwischen Flamen, Sauerländern und Wienern existiert essenstechnisch eine wesentliche Gemeinsamkeit: gutes Gulasch. Der Flame nennt Gulasch Karbonade. Natürlich tummeln sich auch in Flandern -zig Rezeptvarianten durch Kochbücher und Online-Blogs. Ich favorisiere die schlichte Limburg-Version also „Limburgse Karbonaden met een drepke“. Vermutlich wegen des Genevers.

Limburger Karbonade

Einkaufsliste für 4 Personen
15 mittelgroße Zwiebeln, Schweineschmalz, 200 g magerer Speck, 1 kg Rindfleisch aus der Keule, 1 Knoblauchzehe, 2 El Buchweizenmehl, 1 Flasche kräftiger Rotwein, 2 cl Limburger Genever, Salz, Pfeffer.

Pack's an

◎ Zwiebeln pellen, würfeln, im zerlassenen Schmalz in einem Bratentopf andünsten.

◎ Speck würfeln, dazugeben, mitdünsten.

◎ Rindfleisch würfeln und auch hinein. Mit Salz und Pfeffer kräftig würzen.

◎ Knoblauchzehe dazu pressen.

◎ Alles mit Mehl bestäuben und gut umrühren. *Das ist wichtig!*

◎ Rotwein und Genever hineingießen, 1 ½ Stunden schmoren.

Tipp: Dazu Kartoffeln und Apfelmus.

Am Knochen

Die Keulen entzücken (nicht nur, aber besonders): Patrick. Weil für ihn nur Fleisch „vom Knochen“ richtig gut schmeckt. Menschen wie Patrick brauchst du mit Filet erst gar nicht locken. Egal ob Schwein, Geflügel oder Rind – für die Patricks dieser Welt bitte stets „am Knochen“. Auch Steaks schmecken nur, wenn sie einen extra langen Knochen haben wie etwa ein „Irish Black Angus Tomahawk-Steak“. Saignant gebraten, versteht sich. Dann geht Patricks Gaumen auf und feiert ein Fest. Mein Einkaufsbudget dagegen geht bei gut 70 Euro das Kilo in die Knie. Ich will jetzt hier nicht knauserig daherkommen, aber, Patrick, einmal im Jahr und gut ist!
Jetzt gibt's hier Hähnchenkeulen.

Hähnchenkeulen mit Noilly Prat

Einkaufsliste für 4 Personen
4 Hähnchenkeulen, 1 El geräucherte Paprika, 1 Knoblauchzehe zerdrückt, 1 Fleischtomate, 1 Bund Thymian, 30 g Butter, 200 ml Noilly Prat, 150 ml Schlagsahne, Salz, Pfeffer.

Pack's an
Erste Tat? Richtig!

◎ Backofen an und auf 225 Grad vorheizen.

◎ Keulen salzen, pfeffern, mit Paprika und Knoblauch einreiben. Thymianblättchen von den Stielen zupfen, Stiele zusammenbinden.

◎ Butter im Bräter zerlassen. Keulen darin bei mittlerer Temperatur anbraten – *dauert etwas.* Thymianblättchen und Stiele dazu geben. Mit Noilly Prat ablöschen, mit ein wenig Wasser auffüllen. Bräter verschließen, auf den Boden des Backofens setzen.

◎ Tomate häuten, würfeln. Nach 10 Minuten in den Bräter geben. Eine halbe Stunde schmoren. Fleisch zwischendurch mit Bratfond beschöpfen.

◎ Bräter rausnehmen, Deckel abnehmen. Sahne einrühren. Backofen auf 250 Grad hochschalten. Bräter auf die mittlere Einschubleiste stellen. Tür zu und die Keulen bräunen lassen. Das dauert ca. 10 Minuten. Zwischendurch mal nachsehen, damit nichts verkokelt.

Tipp: Unbedingt die Keulen im Bräter servieren. Nicht vergessen: Die zusammengebundenen Thymianstiele herausfischen.

Pastis für den Koch

Dieser Eintopf erhält dank Fenchel und einem Gläschen Pastis seine besondere Note. Ich empfehle zwei Gläschen. Eines für den Eintopf, eines für den Koch. Kleiner Tipp am Rande: Vorsicht beim Würzen – das Ganze kann ruckzuck eine ziemlich scharfe Sache werden.

Paprika-Pute-Eintopf

Einkaufsliste für 6 Personen
2 rote, 1 gelbe Paprika, 750 g Putenbrust, 200 g Zwiebeln *(am besten die roten)*, 2 Knoblauchzehen, 3 El Olivenöl, 1 l Gemüsefond oder -brühe, 1 Tl Fenchel *(im Mörser zerstoßen)*, 1 Tl Kümmel, 3 El Paprika edelsüß, 3 El Ajvar *(unbedingt die milde Variante nehmen!)*, 3 El Pastis, 1 Tl Mondamin, etwas Chili, Salz, Pfeffer, evtl. etwas gehackte, glatte Petersilie.
Pack's an
Direkt mal ein Tipp vorneweg: Damit's für sensible Mägen verträglich wird, Paprika enthäuten.
◎ Paprika halbieren, Kerne raus, längs in Streifen schneiden.
◎ Knoblauch und Zwiebeln pellen. Knoblauch durch die Presse drücken – Zwiebeln halbieren, in *(halbe)* Ringe schneiden.
◎ Putenbrust waschen, trocknen, würfeln, anbraten, zur Seite stellen.
◎ Olivenöl bei mittlerer Hitze in einem großen Topf heiß werden lassen. Darin Zwiebeln, Fenchel, ein Hauch Chili, Paprika, Knoblauch und Kümmel anschwitzen. Ajvar und Paprikapulver dazu einrühren. Brühe hineingießen. Deckel drauf und alles zugedeckt bei mittlerer Hitze gut 10 Minuten garen.
Ist die Zeit rum:
◎ Mondamin in etwas kaltem Wasser anrühren.
◎ Ein Gläschen Pastis in den Eintopf schütten. Dazu Salz, Pfeffer und angerührtes Mondamin. Rühren!
◎ Jetzt kommt die Putenbrust hinein. Wieder den Deckel auf den Topf legen. Gulasch bei wenig Hitze 10 Minuten durchgaren.
Obendrauf macht sich gehackte Petersilie ganz fesch.

Am Strand mit Rotwein

Gesund und ein Feuerwerk für die Geschmacksnerven – dieses Gemüse kann süchtig machen. Womit man es isst? Fleischliebhaber sollten sich Lamm dazu gönnen. Ansonsten: Baguette passt in jedem Fall.
Wetten, dass ihr beim zweiten Mal direkt eine größere Menge Gemüse an den Start bringt – für den nächsten Tag oder für den Mittags-Büro-Snack oder für das Picknick am (flämischen) Strand bei Ebbe. Dann unbedingt zzgl. leichtem Rotwein.

Gemüse aus dem Ofen

Einkaufsliste für 4 Personen
6 Flaschentomaten, 6 rote Paprika, 1 Zucchini, 2 rote Zwiebeln *(im großen Format)*, 6 Knoblauchzehen, 1 El Kapern, ½ Tl Paprikapulver *(rosenscharf)*, Saft von ½ Zitrone, kalt gepresstes Olivenöl *(Menge, je nach Vorliebe, mindestens 6 El)* Salz, Pfeffer.

Pack's an
Backofen auf 200 Grad heizen.
◎ Paprika in Viertel zerlegen, Samen herausnehmen.
◎ Paprika, Tomaten, Zucchini und Zwiebeln in grobe Stücke schneiden. Mit den gepellten Knoblauchzehen in eine große Auflaufform geben. Salzen, mit Olivenöl übergießen und schön durchmischen – *geht am besten mit den Händen.*
◎ Das Ganze für 45 Minuten in den Ofen. Ab und zu mischen.
Tipp: Immer mal wieder nach dem Rechten schauen, damit nichts anbrennt. Evtl. für 20 Minuten eine Alufolie übers Gemüse legen.
◎ Rausnehmen, etwas abkühlen lassen. Dann Paprikapulver, Zitronensaft, Olivenöl, Salz und Pfeffer dazu tun. Alles vermengen.
◎ Gemüsesalat lauwarm oder kalt servieren.
Tipp: Wer hat, der kann weiteres Gemüse mitlaufen lassen: Fenchel zum Beispiel oder Staudensellerie. Ein bisschen Thymian oder Rosmarin machen sich auch gut.
Experimentiert einfach selbst los – viel Spaß!

Wie mit dem Urlaubswein

Nix da Bouillabaisse, es gibt Fischsuppe. Wird nämlich herzlich gerne verwechselt: Bouillabaisse und Fischsuppe. Also, die klassische Bouillabaisse ist ein zweigängiges Fischmenü: Erst werden die passierte Suppe mit einem speziellen Brot, Marette, dann die gegarten Fische und Meeresfrüchte serviert. Stammt aus der Provence – und eigentlich schmeckt das auch nur dort. Ist halt wie mit dem Urlaubswein.
Wir machen heute hier – in Ermangelung der Provence – eine Fischsuppe. Waterzooi nennt sie der Flame.

Waterzooi (Fischsuppe)

Einkaufsliste für 6 Personen
1 kg Filets z. B. von Rotbarsch, Kabeljau, Seeteufel, 200 g Garnelen, 800 ml Fischfond, 2 große Zwiebeln, 3 junge Knoblauchzehen, 1 Stange Porree, 1 kleiner Fenchel, 2 reife Fleischtomaten, 200 g Kartoffeln *(geschält, gewaschen, gewürfelt)*, 4 El Olivenöl, 1 Glas trockener Weißwein, 2 Lorbeerblätter, 1 Tüte Safran, 1 Bund glatte Petersilie, Salz, weißer Pfeffer nach Belieben. *Wer's mag, kann noch ein paar Miesmuscheln zum Schluss in die Suppe geben.*

Pack's an

◎ Fischfilets waschen, trocknen, stückeln, zugedeckt bei Seite stellen.

◎ Porree putzen, waschen, nur die weißen und hellgrünen Teile in Ringe schneiden. Fenchel vierteln, Strunk herausschneiden. In Stücke zerlegen. Tomaten ebenfalls vierteln.

◎ Zwiebeln und Knoblauch in grobe Stücke hacken. Beides in einem richtig großen Topf in mäßig heißem Olivenöl anschwitzen.

◎ Safran, Gemüse und Kartoffeln dazu. Auch Lorbeer, Salz und Pfeffer. Mit Weißwein ablöschen. Dann: Fischfond und Wasser hinein, bis alles bedeckt ist. Einmal aufkochen. 15 Minuten weiterköcheln.

Sollte sich Schaum bilden: abschöpfen und weg damit.

◎ Nach einer Viertelstunde die Garnelen in die Suppe befördern. Weitere 5 Minuten köcheln. Erst jetzt die Fischstücke in den Eintopf geben, wieder 5 Minuten ziehen lassen. Vorsichtig rühren.

◎ Mit Salz, weißem Pfeffer abschmecken. Petersilie hacken und vor dem Servieren ins Gericht streuen.

Dazu: geröstetes Knoblauchbrot.

Alles easy im Ofen

Ein Rezept für Küchen-Faulenzer (Danke, Clais). Es kocht sich nämlich selbst im Backofen. Na klar, ein bisschen musst du vorher tun. Fenchel zerlegen, Knoblauch hacken und Thymianblättchen zupfen zum Beispiel. Aber deine Bemühungen halten sich in Grenzen. Das Schulterklopfen der Gäste ist anstrengender.

Dorade mit Fenchel

Einkaufsliste für 4 Personen
4 küchenfertige Doraden *(ca. 300 g oder etwas weniger schwer)*, 800 g Fenchel mit Grün, 12 Thymian-Stiele, 600 g Kirschtomaten, 4 junge Knoblauchzehen, 1 Limette, 6 El Olivenöl, Salz und frisch gemahlener Pfeffer.
Pack's an
Der Backofen spielt hier die entscheidende Rolle – auf 225 Grad heizen!
◎ Doraden von innen und außen waschen, trocknen.
◎ Fenchelgrün abschneiden und zur Seite legen. Die Knollen halbieren, den Strunk rausschneiden, in dicke Spalten teilen.
◎ Knoblauchzehen pellen, hacken. Thymianblättchen abstreifen. Limetten waschen und etwas Schale abreiben. Alles mischen.
◎ Ein Backblech mit 1 El Olivenöl ausstreichen. Fenchel, Kirschtomaten samt Rispe darauf verteilen, mit Salz und Pfeffer würzen, 3 El Olivenöl darüber sprenkeln.
◎ Haut der Doraden mit einem wirklich scharfen Messer von beiden Seiten schräg ein paar Mal einschneiden – *aber nicht zu tief!* Mit dem restlichen Olivenöl einreiben. Salz und Pfeffer darauf. Innen und außen mit der Knoblauch-Thymian-Mischung würzen.
◎ Doraden auf das Backblech legen – *also auf das Gemüse.* Jetzt im heißen Ofen auf der mittleren Schiene 20 Minuten braten – *evtl. noch 5 Minuten zugeben. Müsst ihr ausprobieren.*
◎ Die kross gebratenen Doraden mit gehacktem Fenchelgrün aufpeppen.

Sag mal „papp"

Schon die römische Upperclass der Antike, gemeint ist vermutlich die Schickeria zu Kaiserzeiten von Augustus, Tiberius und Caligula, ließ sich Spargel servieren. Vorher waren bereits ägyptischen Pharaonen auf den Geschmack gekommen.

Jedenfalls brachten die Römer den Spargel über die Alpen nach Mitteleuropa. Als das römische Reich zusammenbrach, war auch erst mal Schluss mit Spargel. Erst Mitte des 18. Jahrhundert wurde er wieder salonfähig und vermehrt angepflanzt.

Spargel auf flämische Art ist eine herausfordernde Angelegenheit. Wuchtig-schwerwiegend und eher etwas für die opulente Küche. Danach kannst du eigentlich nur noch „papp" sagen.

Flämischer Spargel

Einkaufsliste für 4 Personen
2 kg Spargel, 4 warme, hartgekochte Eier, 200 g zerlassene Butter 4 Tl Schnittlauchröllchen, 4 Tl gehackte Petersilie, geriebene Muskatnuss *(nach Vorliebe)* frisch gemahlener Pfeffer und Salz. Salz, Pfeffer.
Pack's an
◎ Spargel schälen. *Und bitte: Von oben nach unten.* Die Enden abschneiden. Spargel in einem großen Topf mit reichlich Salzwasser 10 Minuten kochen.
◎ Die hartgekochten Eier werden unterdessen geschält, halbiert und das Eigelb rausgelöst, um es mit einer Gabel zu zerdrücken. Anschließend mit zerlassener Butter, Schnittlauch und Petersilie mischen. Sorgfältig rühren, mit Salz und Pfeffer abschmecken.
◎ Eiweiß hacken.
◎ Spargel auf Teller legen. Die Eigelb-Sauce über die Stangen löffeln – bis auf die Spargelspitzen, die bleiben frei. Als Topping kommt das gehackte Eiweiß obendrauf.
Dazu gibt's Kartoffeln vom Blech und „Ganda Ham“. Das ist ein trocken gepökelter Schinken aus hochwertigem Schweinefleisch.

Wiederentdeckung

Dieses Gericht! Oft gekocht, oft genossen.
Vielleicht zu oft?
Zeiten ändern sich. Geschmäcker auch.
Endlich nach vielen Jahren wieder entdeckt.
Noch einmal „vergessen"?
Niemals.
Es ist tatsächlich zu gut.

Kalbsfilet-Tranchen mit Scampi

Einkaufsliste für 4 Personen
800 g Kalbsfilet, 8 Black Tiger Tiefsee-Scampi, 1 rote Chilischote, 2 Knoblauchzehen, 150 ml trockener Weißwein *(zum Beispiel Sauvignon Blanc)*, 200 ml Kalbsfond, 300 ml Schlagsahne, 50 ml trockener Wermut, 1 Bund Estragon, 1 Bund Thymian, mittel-scharfer Senf, Sonnenblumenöl, 1El natives Olivenöl, Cayennepfeffer, Salz und schwarzer Pfeffer aus der Mühle

Pack's an

◎ Pariertes Filet *(vom Metzger zurechtgeschnitten)* mit Salz würzen und in einer heißen Panne mit etwas Öl geben. Fleisch bei mittlerer Hitze rundherum 5 Minuten braten.

◎ Etwas Thymian, Estragon und 1 Knoblauchzehe klein hacken.

◎ Das angebratene Filet in eine feuerfeste Form legen, mit Senf, Kräuter-Knoblauch, einer Prise Salz und Pfeffer aus der Mühle einreiben. Anschließend den Backofen auf 180 Grad vorheizen.

◎ Scampi aus der Schale knacken, längs halbieren. Därme entfernen. Zweite Knoblauchzehe pellen, Chilischote aufschlitzen, entkernen und zusammen mit den restlichen Kräutern hacken *(etwas Estragon für später aufbewahren)*. Zu den Scampi geben. Außerdem 1 El ÖL und 1 El natives Olivenöl hinzufügen und alles vermengen.

Tipp: Und jetzt nicht mit den Fingern die Augen reiben.

◎ Das Filet mit Alu-Folie bedecken und auf der zweiten Einschubleiste von unten etwa 10 Minuten bei 180 Grad rosa garen.

◎ Während das Fleisch im Ofen gart, eine große Pfanne erhitzen und die marinierten Scampi heiß und kurz anbraten, wenden, mit etwas Salz und Pfeffer würzen.

Scampi aus der Pfanne nehmen, zwischen zwei tiefen Tellern oder unter Alufolie warmhalten.
Pfanne nicht auswischen!
◎ Schnell mit Weißwein und Wermut ablöschen, damit die Kräuterrückstände in der Pfanne nicht verbrennen. Kalbsfond dazu geben. Bei starker Hitze bis auf ¼ des Fonds einkochen.
◎ Sahne einrühren und die entstandene Sauce aufkochen. Hitze reduzieren, mit Salz, frischen Pfeffer, etwas Cayennepfeffer, restlichen klein gehackten Estragon abschmecken.
◎ Scampi in der Sauce 2 Minuten ziehen lassen.
◎ Kalbsfilet aus der feuerfesten Form nehmen und auf einem Brett in Tranchen schneiden.
Tipp: Macht immer was her, am Tisch direkt auf die Teller zu tranchieren.
◎ Mit Scampi und Estragonsauce anrichten.
Dazu: Tagliatelle.

SAUERLAND

Grenzenlos ohne viel Federlesen

Das Sauerland ist ungeheuer flexibel verortet. Das beginnt schon bei der Definition der Region. Im Grund kann sich Jeder „sein“ Sauerland selbst zurechtrücken. Es ist nämlich grenzenlos. Für die einen zählt der Möhnesee (Landkreis Soest) dazu – im Volksmund übermütig „Westfälisches Meer“ genannt, – für die anderen das in Hessen liegende Upland (Landkreis Waldeck-Frankenberg). Für die meisten freilich beginnt das Sauerland südlich des Möhnesees (er gehört mithin nicht dazu) und teilt sich in zwei Regionen: das kurkölnischen Sauerland, das sind die mit HSK-Autokennzeichen, und das märkischen Sauerland, wo alle mit MK oder OE durch die Gegend brausen. SO (Soest) und KB (steht für Waldeck-Frankenberg) sind bei dieser Sauerland-Grenzdefinition raus.

Bei den Bergen geht es flexibel weiter. Gemeinhin wird das Sauerland als Land der 1.000 Berge bezeichnet. Das war so pi-mal-Daumen geschätzt und hatte jahrzehntelang Bestand. Findige Statistiker haben aber inzwischen 2.711 Erhebungen ermittelt. Super! Berge sind vielleicht auch etwas übertrieben. Das Sauerland ist schließlich keine alpine Region, sondern ein Mittelgebirge, in dem sich drei Berge auf 30 bzw. 130 Zentimeter um die Pool-Position streiten.

Inmitten der hügeligen Landschaft zwischen schweren Treckern, jede Menge Kühen, viel Wald und uralten Burgen bzw. deren Überbleibseln plätschern klare Bäche, die sich zu Flüssen vereinen. Abgesehen vom außerhalb liegenden Möhnesee stauen sich vier weitere, größere Seen. Damit ist das Sauerland so eine Art Wasservorratstank für die – Achtung: neudeutsch – Metropolregion Rhein-Ruhr. Wer im Sauerland lebt, und das tun knapp 800.000 Menschen, hat Platz. Viel Platz. Besonders im Hochsauerlandkreis, weil

dort lediglich 132 Einwohner einen Quadratkilometer bevölkern. Zum Vergleich: Im Düsseldorfer Stadtteil Derendorf knubbelt es sich: 6.072 Einwohner pro Quadratkilometer.
Ein paar Sauerländer haben Bekanntheit über die Grenzen hinaus erlangt. Heinrich Lübke, der Bundespräsident, etwa oder August Macke, einer der bedeutendsten deutschen Maler. Nicht zu vergessen: Franz Müntefering, der Ex-Minister und Ex-Vizekanzler, der die vom „woll“ und rollendem „r“ geprägte sauerländische Mundart gewissermaßen hoffähig gemacht hat. Bis auf grammatikalische Spitzfindigkeiten wie Genitiv, Akkusativ oder so. Wenn der stets neugierige Sauerländer beispielsweise ein Auto einer bestimmten Person nicht zuordnen kann, geht er ohne Umschweife zum verbalen Angriff über. Direkt: „Ist das Euers?“ oder indirekt: „Das ist doch ihm seins, woll?“
Der Name Sauerland soll aus dem Niederländischen stammen und „südliches Land“ heißen. Das mit der niederländischen Abstammung erklärt womöglich, warum die holländischen Freunde zu fast jeder Jahreszeit das Sauerland herzlich gerne bevölkern. Sie zählen deshalb zur wichtigsten Zielgruppe der diversen heimatlichen Fremdenverkehrsvereine und des sich selbst in kleinen Gemeinden fröhlich entwickelnden Stadt-Marketings.
Gastronomisch kommt der Sauerländer ohne viel Federlesen auf den Punkt: Schmeckt oder schmeckt nicht. Dabei greift er gerne auf die traditionelle Küche zurück mit Schnitzel vom Hausschwein, Blutwurst, Rinderwurst oder Gulasch. Was nicht heißt, dass sich Sauerländer gegen Neues sperren und etwa Loup de Mer verschmähen. Im Gegenteil. Sie probieren liebend gerne aus, um ebenso liebend gerne zur bewährten Küche zurückzukehren: Rinderkraftbrühe statt Bouillabaisse oder Rippchen statt Caponata.
Als Dessert ist „Herrencreme“ sowieso gesetzt.

Familiensache Heiligabend

Weihnachten kam wie jedes Jahr: plötzlich und unerwartet. Ein Blitz aus heiterem Dezember-Himmel. Der Donner folgte: Was essen WIR Heiligabend? Eine Herausforderung angesichts aller appetitlichen Neigungen der Zielpersonen: Britta schätzt eher weniger Fleisch.
Tochter Julia schwört auf viel Fleisch, gerne Burger.
Zwillingsschwester Sarah ernährt sich seit Monaten vegan.
Klein-Emma mampft nahezu alles.
Für Tante Walburga ist es wurscht, Hauptsache sie kriegt Maggi zum Nachwürzen.
Schwiegerpapa Wilfried, bekennender Bratenliebhaber und Pils-Fan, trinkt in jedem Fall zum Fest Rotwein.
Opa Heinrich freut sich immer, wenn die Gerichte Gebiss-kompatibel sind – folglich ohne Steak und Kotelett.
Später wird noch Fabian erwartet, der Julias Freund ist und unter Laktose Intoleranz leidet.
Dackel Bruno schnappt, was fällt.
Für diese Mega-Truppe zu kochen, ist phänomenal. Es geht ihr nämlich gar nicht primär ums Essen, sondern einfach darum, gemeinsam bequem-entspannt am Tisch zu sitzen, zu reden, über dies und das zu schwadronieren oder in Erinnerungen zu baden (Opa). Manchmal singt die Truppe sogar zusammen: O Tannenbaum.
Eine Schnittchen-Platte mit ein paar Radieschen, zwar erstaunlich unspektakulär, würde da vollkommen ausreichen. Aber Weihnachten Schnittchen?
„Kommt nicht in Frage“, hatte Tante Walburga bereits jeden weiteren Gedanken daran kategorisch verboten und sich geoutet, dass das „wurscht“ doch nicht so gehupft wie gesprungen ist.

Bei diesem Geschmackstamtam rumort es in deinem Innersten. Aber weil es ja um Weihnachten geht: Finde die Lösung!

Sie hieß Grünkohl. Mit vegetarischer Grundanlage im großen Topf und fleischlicher Verführung dank Mettwurst, Rippchen, Kassler und Fleischkäse auf den Herdplatten drum herum. Eine Art Trennkost. Wer will, kann den Fleischkonsum individuell dosieren, drosseln oder einfach sein lassen.
Inzwischen wird seit acht Jahren Grünkohl an Heiligabend aufgetischt und alle sind festlich-happy, weil viel Zeit bleibt: fürs Reden und fürs Singen begleitet von Klein-Emmas Blockflöten-Pieptönen.
Und der Koch?
Der hat (fast) frei. Grünkohl schmeckt aufgewärmt am besten.

Faule Butter statt Metropole

Der Hochsauerlandkreis ist das Kernstück des Sauerlandes. Demzufolge Meschede als Kreisstadt die Metropole.
Das ist eher theoretisch. Nie hat es eine Stadt hinbekommen, zum Zentrum des Hochsauerlandes, geschweige denn des gesamten Sauerlandes aufzusteigen. Als bis 1975 im Zuge der kommunalen Neuordnung Nordrhein-Westfalen aus vielen kleinen Dörfern kleine Städte entwickelte und aus vielen größeren Städten noch größere, schaffte es Meschede als Kreisstadt des neuen Hochsauerlandkreises bis aufs Autokennzeichen: „MES". Das währte freilich nicht lange, weil die Briloner (BRI) und Arnsberger (AR) Schnappatmung bekamen und sich mit sauerländischer Sturköpfigkeit vehement gegen das „MES" stemmten. „HSK" hieß die Lösung, mit der alle bis heute mehr oder weniger gut leben. Ganz böse Menschen (etwa in Düsseldorf) übersetzen HSK mit „Hilfe Sie Kommen".

In Meschede sind ungefähr 30.000 Einwohner zu Hause – verteilt auf viele kleine „Stadtteile" mit einprägsamen Namen wie Köpperkopf, Wehrstapel, Galiläa (nach einem 1484 errichteten Kloster) oder Obermielinghausen. Ich persönlich finde Mosebolle super.
Die größten Städte des Sauerlandes heißen Iserlohn (92.000 Einwohner) und Arnsberg (73.000). Gleichsam das Gegenstück dazu ist die Ortschaft Faule Butter – der Name stimmt wirklich! Die Einwohnerzahl dort pendelt zwischen sieben (2014) und elf (2016). Den aktuellen Stand müsstet ihr einfach mal selbst neu durchzählen. Das lohnt sich: Faule Butter liegt landschaftlich fabelhaft in einer wanderfreundlichen Umgebung. Es gibt sogar einen Gasthof mit Betten für 18 Personen.

Die Petersilie-Krise

Mein Lieblings-Supermarkt – doch das gibt es – vorm langen, feiertag-geprägten Wochenende: voll, rammelvoll. Auch die Parkplätze. Kassen und EC-Karten glühen. Lange Einkaufslisten werden abgearbeitet als stünde die komplette Schließung sämtlicher Supermärkte der Republik für mindestens einen Monat bevor. Es geht hektisch zu. Da rammen Einkaufswagen gegen fix aufgebaute Sonderverkaufsstände, die – aufmerksamkeitsstark platziert – einfach nur den Weg versperren. Pyramidenartig aufgestapelte Bockwurst-Dosen poltern zu Boden.

Aus der Gemüseabteilung tönt vielfaches Fluchen: kaum noch Küchenkräuter da! Und das um viertel vor zwei, wo doch der Supermarkt bis abends um neun geöffnet hat. Da komme auch nichts mehr nach, deutet achselzuckend Jemand aus der überschaubar kleinen Schar des Servicepersonals an.

Petersilien-Krise vorm langen Wochenende.

„Das gibt's doch nicht", echauffiert sich die Frau vor mir, deren Rinderkraftbrühe mit Markklößchen nun ohne Petersilie auskommen muss.

„Unser Omma wäre das nicht passiert", wirft der Herr neben der Frau ein. „Die hatte ihren Kräutergarten."

Stimmt! Früher waren viele Familien in ländlichen Gegenden Selbstversorger. Hatten Kräuterecken und Gemüsegärten. Keine Petersilie – unvorstellbar. Allein schon, weil dieses Kraut mehr ist als grüne Deko auf dem Tellerrand. Petersilie ist gesund! Und gegen Mundgeruch! Beispielsweise, wenn zu viel Knoblauch im Essen war.

Das Kräuterbeet zuhause entsteht gerade.

Mönch im Partymodus

Theo war da. Und der kann vielleicht erzählen... Ein Unterhaltungsgenie. Und: Wow, was für eine Story, die er bei Frikadelle und Kartoffelsalat auftischte, weil wir uns über Sehenswürdigkeiten im Sauerland unterhielten abseits vom Touristentrubel. Manch quotenorientierter Privatsender oder Streaming-Dienst könnte aus dieser Sage eine History-Soap generieren. Schauen wir mal, ob einer darauf kommt.

Also: Vor langer, langer Zeit lebte ein ziemlich krawalliger Mönch in einem Kloster im Sauerland – und flog irgendwann raus beziehungsweise ist von selbst abgehauen. Lässt sich nicht mehr exakt feststellen. Egal. Ganz mittellos muss der Mann nicht gewesen sein. Jedenfalls hat er sich eine Ritterburg auf einem Berg am Lenneufer bei Letmathe gebaut – und es mit einigen Gefährten richtig krachen lassen.

Dann kam auch noch eine Nonne ins Spiel. In die hatte sich der Mönch verliebt. Prompt verließ die Nonne ihr Kloster und lebte mit dem Mönch auf dessen Burg im Dauerparty-Modus. Dabei sollen beide, offenbar ganz Fetisch-Fans, ihre weiße, klösterliche Tracht getragen haben.

Für einen Bischof, der des Weges kam, ging das natürlich überhaupt nicht. Er bekam Schnappatmung und warf den Beiden heidnisches Gebaren vor. Die wiederum ließen sich das nicht gefallen, hampelten nicht lange herum, sondern machten kurzerhand kurzen Prozess. Gemeinsam warfen Mönch und Nonne den unbequemen Bischof kopfüber in die Lenne.

Noch im Todeskampf weissagte der Nichtschwimmer-Bischof den Untergang von Burg, Nonne und Pater. Und prompt passierte es: Während das Paar den sterbenden

Bischof vom Ufer aus auch noch auslachte, zog ein mordsmäßiges Unwetter auf. Ein Blitz-Stakkato zerlegte die Burg und traf Nonne samt Mönch, die als Folge garantiert nicht an der Himmelpforte klopfen durften. Im Gegenteil. Zum ewigen Andenken wurden sie in Stein verwandelt und müssen da herum stehen bis zum jüngsten Tag. Und das kann dauern.

Der Stein ist ein riesiger Kalkfelsen, der wegen seiner helleren Farbe weithin aus der Landschaft hervorsticht.
Ok, um da heute Pater und Nonne auszumachen, bedarf es einer Prise Phantasie.
Wer hat, der hat. Und die Story, lieber Theo, die hat's.

Am Ende der Welt

Das Thema mit den – nennen wir es – „gelegentlich eigenwilligen" Ortsnamen des Sauerlandes hatten wir ja schon. Dieser rundet das Angebot ab: Wildewiese.
Ungefähr 90 Menschen leben dort. Zur Sommer-, Wander- oder gar Skizeit verdoppelt sich die Personenzahl locker.
Wildewiese ist durch sein Skigebiet über die Sauerlandgrenzen hinaus bekannt. Der Ort liegt um die 600 Meter hoch. Eine klasse Aussicht garantiert der Schombergturm, der auf 647 Metern aus der Landschaft ragt. Wenn das Wetter mitspielt, die Sicht klar ist, kann man von hier oben aus bis nach Münster schauen – wer das denn will.
Um Wildewiese geografisch einzuordnen, hilft vielleicht dies: Ein Hotel am Ort wirbt einprägsam mit dem Motto: „Gastlichkeit am Ende der Welt".
Fehlt jetzt noch die Anmerkung, dass du, bevor du Wildewiese mit dem Auto erreichst, höchstwahrscheinlich durch die Ortschaft Hagen (760 Einwohner) mit Tempo 30 tötterst. Damit es keine Verwechselung mit der Stadt Hagen gibt, bezeichnet der Sauerländer die Ortschaft Hagen als „Kuhschiss-Hagen".
Willkommen auf dem Land.

Spanier auf der Holzbank

Ja, es stimmt. Die seit Jahren beachtlich steigende Zahl der Weintrinker ist auch am Sauerland nicht wirkungslos vorbeigerauscht. An Schützenfest-Wochenenden etwa werden nicht mehr nur Pils gezapft, sondern auch Weinflaschen aufgeschraubt. Und zwar keineswegs der Gattung „Liebfrauenmilch". Ein wohl temperierter Grauer Burgunder (meistens aus der Pfalz) zählt inzwischen zum Schützenfest-Standard.

In den einfachen Gasthöfen wird Wein gerne „offen" ausgeschenkt. Rotwein oder Weißwein aus großen Flaschen – Rosé eher selten – landen in Karaffen, die üppig einen Viertelliter fassen. Drunter gibt's nichts. Unterscheidet sich also signifikant von den 0,1-l-Gläschen Lugana auf der Düsseldorfer Kö für 8 Euro 50.
Darüber hinaus warten je ein bis zwei verschiedene Rot- und Weißwein-Flaschenweine auf Komplettabnahme im Gasthof-Kühlschrank. Extraweinkarte zur Speisekarte? Meistens Fehlanzeige. Viele Sauerländer machen den ganzen Heckmeck um Wein sowieso nicht mit.
Das Paar am Tisch nebenan definitiv auch nicht. Sie saßen auf der knatschenden Holzbank, uns gegenüber im gemütlichen Eck vis-à-vis vom Tresen. SIE hatte Lust auf Wein. In Ermangelung einer Weinkarte befragte sie den Wirt in seinen gemütlichen Birkenstock-Latschen.
„Ich würde gerne Rotwein trinken."
„Spanier oder Franzose?"
„Hmm – Spanier nehm ich mal."
„Kommt gleich."
So geht das mit der Weinauswahl im Sauerland-Gasthof.

Scotland Yard in Herdringen

Letztens am Küchentisch. Walter reklamiert – eine Gabel Bulgur in der Hand – urplötzlich und komplett unvermittelt: „Nichts gegen den Adel!" Wir, die mit ihm am Tisch saßen, müssen ziemlich blöd aus der Wäsche geschaut haben und waren auf einmal mucksmäuschenstill: Wieso denn das jetzt auf einmal?

Walter präzisierte:

Der Adel sei schließlich dafür zuständig, dass es an Burgen und Schlössern im Sauerland nicht mangele. Die meisten von ihnen seien im Mittelalter mit Hundertschaften Muskelkraft hochgezogen worden und waren Burgen. Sie dienten der Verteidigung. Erst später, als die Verteidigung nicht mehr im Vordergrund stand, sondern das Wohnen und Repräsentieren, verwandelten sich mächtige Burgen zu glanzvollen Schlössern. Sie sind gegenwärtig überwiegend im Privatbesitz, öffnen aber stets gerne ihre Tore für Events oder den immer häufiger verbreiteten Wochenenden der Gattung „Home & Country".

Einmal in Schwung schlösserte Tausendsassa Walter weiter und machte einen auf „Professor Brömmel":

Das Schloss Herdringen, dessen Vorläufer eine erstmals 1376 erwähnte „Kettelburg" war, errang in den 1960er Jahren deutschlandweite Aufmerksamkeit. Die damals reißerischen Krimis von Edgar Wallace mit den Schauspiellegenden Dieter Borsche, Heinz Drache, Joachim Fuchsberger, Helmut Lange, Siegfried Lowitz oder Karin Dor wurden dort – und nicht in England – gedreht. Wenn Scotland Yard im Schwarzweiß-TV den „Fälscher von London" jagte, passierte das in Herdringen im Sauerland. Dem Adel sei Dank.

So, jetzt wisst ihr Bescheid.

Der Gassenhauer

Jede Region hat kulinarische Gassenhauer. Meistens mit schelmisch-dubiosen Namen. Sie schmecken auch nur in der jeweiligen Region. Kein Mensch kommt schließlich auf die schräge Idee, in Gauting Labskaus zu verlangen oder umgekehrt auf Föhr Knödel.
Die Potthucke, also „das, was im Topf hockt", ist ein hoch effizienter Sauerland-Hit – weil man sie einmal kocht, aber viele Tage in verschiedenen Ausprägungen isst: Direkt aus dem Ofen, ausgekühlt mit Apfelmus oder als daumendicke Scheiben in Butter gebraten. Rübenkraut wird äußerst gerne obendrauf gestrichen.

Potthucke

Einkaufsliste für 4 Personen
100 g durchwachsener Speck *(Mettwürste gehen auch)*, 600 g gekochte Kartoffeln, 2 Eier, 120 ml Sahne, Salz, Pfeffer, Muskat, Paniermehl, etwas Butter, frischer Schnittlauch, Rübenkraut.
Pack's an
◎ Ein Drittel der Kartoffeln garen, pellen, kalt werden lassen, durch eine Kartoffelpresse quetschen. Die restlichen rohen Kartoffeln waschen, schälen.
◎ Speck würfeln *(bzw. Mettwurst in Scheiben schneiden)* und in etwas Butter anbraten. Backofen auf 200 Grad.
◎ Die gequetschten Kartoffeln zusammen mit Speck *(bzw. Mettwurstscheiben)*, Eier und Sahne in eine Schüssel geben. Die rohen Kartoffeln mit einer Reibe dazu raspeln. Alles ordentlich durchmischen.
◎ Eine Auflaufform mit Paniermehl bestreuen. Die Mischung einfüllen.
◎ Ab damit für eine Stunde in den Ofen. Anschließend abkühlen lassen.
◎ Dicke Scheiben herausschneiden und in einer Pfanne in Butter von beiden Seiten leicht anbraten.

Ohne Blut

Haben wir in der Gegend immer gerne wieder: Bier kommt ins Fleischgericht. Was den Franzosen ihr Rotwein ist dem Sauerländer sein Pils – auch im Schweinepfeffer. Dieses kräftig gewürzte Schmorgericht wurde früher mit Schweineblut gebunden.
Das machen wir heute nicht mehr so.
Auch traditionelle Gerichte verändern sich im Laufe der Zeit. Hier also Schweinepfeffer „modern Art".

Schweinepfeffer

Einkaufsliste für 4 Personen
1 kg Schweine-Schinkenbraten, 3 Zwiebeln, 3 Lorbeerblätter, ein Schuss Pils, 20 Pfefferkörner, 2 El geriebener Zwieback, 2 El Rübenkraut, Öl zum Braten, Salz, Pfeffer.

Pack's an

◎ Schweinefleisch in gulaschgroße Stücke schneiden.

◎ Zwiebeln fein hacken. Beides, Fleisch und Zwiebeln, in einem ausreichend großen Topf kräftig anbraten.
Darauf achten, dass die Zwiebeln nicht zu braun werden!

◎ Mit einem Schuss Pils ablöschen. Das Fleisch-Zwiebel-Gemisch mit Wasser bedecken. Pfefferkörner und Lorbeerblätter hinzugeben, alles gut 1 ½ Stunden leicht köcheln lassen.

◎ Geriebenen Zwieback und Rübenkraut einrühren. *Das dickt schön an!* Alles kurz aufkochen lassen.

◎ Mit Salz und Pfeffer abschmecken.

Dazu unbedingt Kartoffeln, Kopfsalat – und Pils auf den Tisch stellen.

Nostalgie schmeckt mit

Wir waren Glückskinder! Vor dem Sonntagsbraten kam früher die „frische Suppe“ auf den Tisch – danach zumeist Pudding mit Eischaum und Himbeersirup im kleinen Kännchen separat dazu serviert.
Auf einmal war er weg, der Sonntagsbraten samt Kartoffeln und Erbsen und Möhren, weil sich selbst heimelige Gewohnheiten mit den Zeiten halt ändern. Und mit ihm verschwand vielerorts, vor allem in den Städten, das klassische, gemeinsame Sonntagmittag-Familienessen.
Inzwischen erfreut sich der Sonntagsbraten einer Renaissance – mitunter schon am Samstagabend.
Beim Essen schmeckt dann tief drinnen ein bisschen Nostalgie lächelnd mit. Darf sie auch.

Sonntagsbraten

Einkaufsliste für 8 Personen
6 Zwiebeln, 2 kg Rinderschmorbraten, 2 Bund Suppengrün, 1 El Tomatenmark, 2 Glas Rotwein *(Merlot)*, 1 El Johannisbeergelee, 800 ml Rinderfond, 1 El Sojasauce, 6 El Sonnenblumenöl, 1 El Zucker, 1 Tl Mondamin, Salz. *Je nach Geschmack: Frischer Rosmarin als Topping.*
Pack's an
◎ Suppengrün waschen, schälen, grob hacken. Zwiebeln pellen, vierteln.
◎ Fleisch mit Salz und Pfeffer einreiben. Backofen auf 160 Grad schalten. Öl in einem Bräter erhitzen. Fleisch rundherum kräftig anbraten. Suppengrün und Zwiebeln 3 Minuten mitrösten. Fleisch herausnehmen.
◎ Zucker und Tomatenmark hinein. Weitere 2 Minuten rösten. Mit einem Glas Rotwein ablöschen, verdampfen lassen. Johannisbeergelee einrühren.
◎ Zweites Glas Rotwein, Fond, Sojasauce dazu.
◎ Fleisch wieder zurück in den Bräter. Deckel drauf. Für 1 ½ Stunden in den Backofen schieben.
◎ Nach 90 Minuten *(wenn es ein paar mehr sind, ist das auch keine Küchenkatastrophe)* Bräter aus dem Ofen holen. Braten aus dem Bräter nehmen. Die Flüssigkeit durch ein Sieb in einen Topf gießen.
Tipp: Wer hat, der nutzt hier die „flotte Lotte".
◎ Braten wieder in den Bräter legen. Im abgeschalteten Ofen ruhen lassen.
◎ Sauce aufkochen, reduzieren, mit Salz und Pfeffer würzen. Mondamin mit kaltem Wasser glattrühren, dazu geben.
◎ Fleisch in Scheiben schneiden und anrichten. Mit frischem Rosmarin garnieren.

Hipp und urban

Dieses Gericht ist heutzutage leider nicht mehr so angesagt. Wer's in einem Gasthof auf der Speisekarte entdeckt – bitte melden!
Allein schon der Name: „Falscher Hase“ oder „Heuchelhase“...
Aber auch er, der „Hase“, geht mit der Zeit. Drum ist die moderne Version eben nicht Oma-like, sondern frisch, zitronig und mit einem hinreißenden Dip. Das passte sogar voll in die hippe, urbane Generation. Die war nämlich mit am Tisch – und der „Falsche Hase“ ratzeputz weg.

Falscher Hase

Einkaufsliste für 4 Personen
1 kg Kartoffeln, 1 Knoblauchzehe, 1 El gehackter Rosmarin, 4 El Olivenöl, Fleur de Sel, 1 trockenes Brötchen, 1 Zwiebel, 100 g Petersilie, 500 g gemischtes Hackfleisch, 1 Ei, Meersalz, Pfeffer, gemahlener Kreuzkümmel, Schale von ½ Zitrone, etwas Milch
Kräuterdip: 100 g frische Kräuter *(Basilikum, Pimpernelle, Schnittlauch, Dill, etc.)*, 400 g Crème Fraîche, Schale von ½ Zitrone, 1 El Zitronensaft, Fleur de Sel.
Pack's an
◎ Backofen auf 180°C vorheizen.
◎ Brötchen in lauwarmer Milch einweichen, ausdrücken.
◎ Zwiebel schälen, fein hacken. 2 El Olivenöl in einer Pfanne mäßig erhitzen, Zwiebel leicht andünsten. Petersilie waschen, trocknen, hacken, zur Zwiebel in die Pfanne geben. Ebenfalls andünsten – abkühlen lassen.
◎ Kartoffeln waschen, längs halbieren, Hälften dritteln.
◎ Knoblauch schälen, fein würfeln.
◎ Kartoffelschnitze in einer großen Auflaufform mit Knoblauch, Rosmarin, 2 El Olivenöl, Fleur de Sel vermengen. An die Ränder schieben.
◎ Hackfleisch in einer Schüssel mit ausgedrücktem Brötchen, Zwiebel, Petersilie, Ei, Meersalz, Pfeffer, Kreuzkümmel und Zitronenschale kneten. Hackfleischmasse mit feuchten Händen zum Laib formen. In die Mitte der Auflaufform setzen. Oberfläche mit Olivenöl einreiben.
◎ Auf mittlerer Schiene im Backofen 50 bis 60 Minuten knusprig backen.
Kräuterdip: Kräuter waschen, trocknen, hacken, mit Crème Fraîche, Zitronenschale, Zitronensaft und Fleur de Sel vermengen.

Maria ihre…

Passiert mir immer wieder: Manchmal ist in einem Menü die Vorspeise sofort der Kracher. Auf das, was anschließend serviert wird, würdest du am liebsten verzichten und stattdessen einen Nachschlag von der Vorspeise abbekommen. In diesem Fall von Möhrensuppe.
Was es danach gab?
Ich weiß es nicht mehr.
Tut mir leid, Maria.
Besser: Kompliment, Maria!

...Möhrensuppe

Einkaufsliste für 4 Personen

500 g Möhren, 1 Zwiebel, 1 Knoblauchzehe, 1 Stück Ingwer *(3 cm)*, 125 g Staudensellerie, 30 g Butter, 1 l Gemüsebrühe, 2 El Honig, 5 El Sahne, 3 El Limettensaft, Salz, Pfeffer, Schnittlauch

Pack's an

◎ Möhren putzen, Zwiebel und Knoblauch abziehen. Alles klein hacken.
◎ Ingwer schälen, fein würfeln.
◎ Sellerie waschen, klein schneiden.
◎ Butter erhitzen. Gemüse bei geringer Hitze darin gut 10 Minuten dünsten.
◎ Brühe angießen. 20 Minuten köcheln lassen.
◎ Topf vom Herd nehmen. Suppe pürieren.
◎ Honig, Limettensaft und Sahne einrühren.
◎ Mit Salz und Pfeffer würzen, mit geschnittenen Schnittlauchröllchen garnieren.

Himmlisch

Heute haust du mal einen Klassiker raus, dachte ich mir, weil die zum Essen angesagten Freunde definitiv nicht zur Gruppe der Fettphobiker zählten und sich längst als Fans der deftigen, deutschen Küche geoutet haben. Ob Rheinland oder Sauerland – ich behaupte mal überall nördlich der Maingrenze – ist Himmel und Erde ein Hit. Nicht immer, aber immer mal wieder. Dazu dicke, kurz in Mehl gewendete und dann gebratene Blutwurstscheiben.

**PS.: Wer in Richtung Himmel experimentierfreudig ist: Äpfel durch Birnen ersetzen, Blutwurstscheiben durch Hausmacherleberwurstscheiben – oder direkt beide Würste nehmen.*

Himmel und Erde

Einkaufsliste für 4 Personen
500 g Kartoffeln, 500 g Äpfel, ½ l Rinderfond, 2 El Weißweinessig, 2 El Sonnenblumenöl, 250 g Zwiebeln Salz, Pfeffer. Blut- und Hausmacherleberwurst *(die grobe)* nach Augenmaß.

Pack's an

◎ Kartoffeln waschen, schälen, in 1 cm große Würfel schneiden.

◎ Rinderbrühe erhitzen, bis sie kocht. Kartoffeln in den Topf. Hitze runter schalten. Deckel drauf. 10 Minuten garen lassen.

◎ Äpfel schälen, entkernen, würfeln (auch 1 cm).

◎ Nach 10 Minuten die Äpfel zu den Kartoffeln geben und weitere 5 Minuten mitlaufen lassen. Zwiebeln schälen, halbieren und in Ringe schneiden.

◎ Öl in der Pfanne erhitzen, Zwiebeln darin braten, bis sie braun sind.

Tipp: Die Zwiebeln-Scheiben werden prima cross, wenn sie vorher in etwas Mehl gewälzt werden.

◎ Die Kartoffel-/Apfel-Brühe durch ein Nudelsieb abgießen.

Tipp: Brühe auffangen, anderweitig nutzen.

◎ Kartoffel- und Apfelstücke salzen, pfeffern und den Weißweinessig drüber sprenkeln. Alles mit einem Esslöffel vorsichtig verrühren.

Jetzt ist es Himmel und Erde!

◎ Würste in nicht zu dünne Scheiben schneiden. In Öl außen kross anbraten.

◎ Auf Teller anrichten, gebräunte Zwiebeln darüber geben.

Willst abnehmen?

Bei dem Wort Kohlrabi fallen mir Kindheitserinnerungen ein. Es sind keine schönen: Ich sehe den zu weißen Stiften geschnittenen Kohlrabi, wie er kaputt gekocht in einer milchigen Sauce abgesoffen ist. Und wie wir Kinder mit dem Hinweis „ist gesund, iss mal reichlich" auch reichlich davon abbekamen.

Gut, aus meiner Kohlrabi-Kindheits-Erinnerung ist jetzt keine Phobie geworden – aber fast. Kohlrabi stand Jahre lang auf der Streichliste meiner Gemüse-Koch-Optionen. Bis vor kurzem. Ein Freund lud zum „Hausmannskost-Abend" ein. Fabelhafte Idee. Seine Kohlrabistifte waren eine Delikatesse.

Iss **Kohlrabi**

Einkaufsliste für 4 Personen
800 g junger Freiland-Kohlrabi, 50 g Zucker, 50 g Butter (Olivenöl geht auch), 1 Bund Schnittlauch, 3 El Zitronensaft, Salz, Pfeffer.

Pack's an
◎ Kohlrabi schälen, waschen, erst in Scheiben, dann in Stifte schneiden.
◎ Zucker in einem Topf schmelzen, bis er hellbraun ist. Butter dazu und rühren, rühren, rühren, bis sich der Karamell gelöst hat.
◎ Den tropfnassen Kohlrabi mit etwas Wasser hinein. Deckel drauf. Bei mittlerer Hitze 20 bis 25 Minuten garen lassen.
Tipp: Unbedingt eine Gabel-Probe machen, Kohlrabi der Gattung „weich" schmeckt nicht. Er sollte Biss haben.
◎ Kohlrabi mit Zitronensaft, Salz und Pfeffer kräftig würzen.
◎ Schnittlauch in schmale Röllchen schneiden. Über das Gemüse streuen.
Dazu passen Kartoffeln und Frikadellen vorzüglich.

Kohlrabi ist ein extrem kalorienarmes Gemüse. 100 g enthalten nur 29 Kalorien. Deshalb an alle, die abnehmen möchten: Esst Kohlrabi. Auch weil er gesund ist. Voller Mineralstoffe wie Kalium, Kalzium, Phosphor und Vitamin B und C. Selbst die grünen Blätter – also die Inneren – sind mega-gesund. Hacken und zum Schluss – statt Schnittlauch – über das fertige Gericht streuen.

Küchenklatsch

„Das ist Gesundheitsterror."

Quelle: Oppa beim Anblick eines Rohkosttellers.

WIEN

Jetzt komm mir nicht mit Sisi

Österreich und Wien waren im Grunde schon immer irgendwie in meinem Leben präsent – soweit ich mich erinnern kann. Das lag wesentlich an meiner Schwester und an Oma. Und an Sisi mit ihrem Franzl, die zwischen Wiener Hofburg, Schönbrunn und Bayern pendelten – von meiner Schwester und Oma vorm Schwarzweiß-Fernseher mit feucht-glänzenden Augen begleitet. Während der herzergreifenden Krönung in Ungarn tränten sie.
Ende der 1960er Jahre gelang es mir auch nicht, Peter Alexander und seiner wienerisch geprägten TV-Show zu entwischen. Fernsehen wurde damals nach Herzenslust im Familienrudel geguckt. Außerdem gab's nur einen Apparat. Der Tatort aus Wien mit dem gemächlichen Inspektor Marek vervollständigte die österreichisch angehauchten TV-Abende. Marek war aber anstrengend wegen seines wienerischen Nuschelakzents. Andererseits sternstundenmäßig prima, dass ein Tatort seinerzeit klar strukturiert war: Tat. Fahndung. Täter-schnappen. Fertig. Nicht zu vergleichen mit vielen der inflationären Tatort-Folgen heutzutage, die mich als Sozialdrama nerven.
Noch mehr Österreich?
Yep. Scheinbar überall in Deutschlands großen Städten entstanden die Wienerwald-Restaurants. Und dass das erste Fußball-Länderspiel, das ich live sah, gegen Österreich stattfand, war da nur logisch. Das 1978-Fußball-WM-Unglück im fernen Argentinien soll hier jetzt nicht aufgewärmt werden.
Österreich ist ein hinreißend schönes Land und Wien eine fast Schlaraffenland ähnliche Weltstadt besonderer Kategorie mit Weinbergen im Stadtgebiet.
In Wien kann man im wahrsten Sinne des Wortes erhobenen Hauptes flanieren. Allein der 1. Bezirk, Innere

Stadt genannt, mit Stephansdom (natürlich), Hofburg, Burgtheater, Habsburgergasse, Rathaus, Graben etc. oder Kohlmarkt ist ein praller Augenschmaus voller prachtvollen Fassaden, Hauseingängen, Erkern und Giebeln. Da schwelgt man in Vergangenheit und Gegenwert als wären sie demselben Reagenzglas entfleucht. Und Sisi samt Franzl sind auch irgendwie immer mit an Bord.
Meine Lieblingsgasse?
Die Naglergasse.
Wer vom Graben dort hinein geht, beschleicht vermutlich das Gefühl, durch ein Tor in eine andere Welt zu spazieren. Die Gasse ist eng. Sie ist duster. Sie atmet Geschichte. Seit 1378 gibt es dieses Stück Wien – zunächst als „Unter den Nadlern“ ehe Naglergasse draus wurde. Das war so um 1547. Heute findet man dort immer noch kleine Geschäfte und meistens größere Touristengruppen. Vor allem sommertags an Wochenenden. Tipp: Montags ist es dort echt entspannter.
Sehr praktisch an der Naglergasse: Quasi auf der Rückseite, der Bognergasse, befindet sich seit – Achtung! – 1618 das „Zum Schwarzen Kameel“. Dabei handelt es sich um ein Wiener Restaurant. Geschäftstüchtig wie Wiener nun einmal sein können, wurde das Kerngeschäft im Laufe der Jahre und dank touristischem Zustrom ausgeweitet: um Bar, Bäckerei und Feinkosthandlung. Vor allem die Bar hat sich zu einer Art Hotspot entfaltet. Sie ist besonders am fortgeschrittenen Samstagvormittag ein überaus beliebter Treffpunkt „auf ein Caffè oder Straßenachtel“. Oder mehr. Manch einer hat da schon freudig beschickert das Mittagessen zu Hause verpasst.
Der Name hat nebenbei bemerkt nichts mit einem Kamel zu tun, sondern fußt auf Johann Baptist Cameel, der das Haus 1618 erwarb. Schon damals hielt die Kulinarik Einzug ins Gemäuer. Cameel führte eine „Gewürzkrämerei“. Und weil der Kerl offenbar ein kleiner Spaßvogel war, nannte er sein

Geschäft „Zum Schwarzen Kameel“. 1818 zementierte dann der Buchhalter Joseph Stiebiz den gastronomischen Grundstein. Er expandierte mit Feinkosthandel und installierte eine Weinstube.

Womit wir beim Thema Wein wären. Die Weltstadt Wien weist in ihren Stadtgrenzen Weinanbauflächen aus. 700 Hektar sollen es ein. Als Spezialität gilt der „Wiener Gemischte Satz“.

Die City-nahen Heurigen, das sind ursprünglich die Weinlokalitäten der Weinbauern, erfreuen sich großer touristischer Begeisterung: Busweise.

Dann doch lieber ein paar Kilometer fahren. Strebersdorf zum Beispiel liegt zwar auch innerhalb der Stadtgrenzen Wiens. 13 Kilometer entfernt von der Inneren Stadt. Gefühlt ist das weit draußen. Touristen-Busse sind hier eher selten. Dafür der Wein resch. Die Heurigen authentisch.

Wer es noch beschaulicher mag: In einer knappen Stunde Autofahrt erreicht man die Wachau im Nordwesten und das Burgenland im Südosten.

Pratertag

In der Bahn, die an Wiens berühmten Freizeitpark mit seinen blinkenden bunten Lichtern, nostalgischen Fahrgeschäften, gastronomischen Betrieben und überwältigendem Riesenrad vorbeirattert: Für die meisten Fahrgäste ist der Praterstern eine Endstation. Die Bahn leert sich. Je nach Tag und Zeit steigen Viele aus. Wenige ein.
Darunter ein ungefähr 10-jähriger Junge mit einer junggebliebenen Frau. Der Junge hält einen übergroßen Stoffbären in seinen Armen, obwohl er dem „Teddybär-Alter" entwachsen ist, und ein Lebkuchenherz baumelt vor seiner Brust. In einem Mundwinkel hat sich noch etwas Senf verfestigt.
Sie nehmen Platz. Beide vereint glückliches Lächeln in ihren Gesichtern. Es sendet entspannte Zufriedenheit.
„War das ein schöner Tag, Oma!" strahlte ein glücklicher Enkel.
Die Oma blickte den Jungen gerührt-liebevoll an.
Was für ein großes Kompliment, kleiner Mann!

Herr Walter im Beisl

Nenn mich Glückspilz. Du lebst fünf Jahre in Wien und findest gleich am Anfang mutterseelenallein ein Beisl im 1. Bezirk. Also ein „richtiges" Beisl, in das die Wiener gehen und das Touristen eher nicht finden. „Mein" Beisl – nennen wir es „Beim Swoboda" – schottete sich entsprechend ab: samstags und sonntags geschlossen, zu Ostern, Weihnachten, zum Jahreswechsel und in den Sommerferien auch. Das muss man sich bringen!

Zur Erklärung: Ein Beisl ist das typischste aller Wiener Esslokale. Bodenständig. Gemütlich. Gutbürgerlich. Treffpunkt aller Generationen. Traditionelle Wiener Küche. Meistens mit langer Geschichte und entsprechender Patina in alten Häusern. Liegt ein Beisl an zwei zusammentreffenden Straßen wird daraus ein Eck-Beisl.

In der geräumigen Schank, so heißt der Thekenbereich, wird Wein gekühlt und Bier gezapft. Die Speisekarte, wenn es denn eine gibt, verheißt in jedem Fall Frittatensuppe, Schnitzel, Gulasch und selbstverständlich Palatschinken und Kaiserschmarrn. Glaubt mir. Wer sich in einem Beisl nicht wohlfühlt, ist selbst schuld – vorausgesetzt du findest eines so wie ich „Beim Swoboda".

Der Gastraum war pickepacke voll. Einem servilen, leicht übergewichtigen und leicht transpirierenden Kellner in weißem Hemd, schwarzer Hose und schwarzer ärmelloser Weste gelang es praktisch noch im Türrahmen um mich herum zu schlawienern, ehe er mich verdutzt ansah. Sein Gesicht sprach: Was will der „Zuagrasta" *(Zugereister)* denn hier?

Ich dachte mir: Sagt der jetzt „braus di" *(geh weg)*?

Tat er nicht. Kniff mir ein Auge. Sprach mit zwei Gästen und winkte mich an die Schank. Dort sollte ich warten, es werde gleich etwas frei. Wurde auch. Ich hatte den Katzentisch

erwischt hinten im Eck, klein, eng, laut, dunkel. War mir egal. Der Kellner nickte wohlmeinend als ich nach einem „Gespritzter weiß“ *(Weißweinschorle)* verlangte. Statt Speisekarte deutete er auf die große Kreidetafel oben hinter der Schank, auf der mit weißer Kreide in Grundschullehrerschrift sehr gut lesbar geschrieben stand, was es aus der Küche gab.
Ob er was empfehlen könne?
„Natürlich.“
„Was?“
Er machte eine schwungvolle Bewegung mit dem linken Arm als würde er über die komplette Tafel streichen.
„Alles, sonst würd’s da nicht stehen.“
Ich war ein wenig experimentiermüde und bestellte Gulasch. Das sei eine gute Wahl, weil das Gulasch von Frau Swoboda, die in der Küche wirkte, drei (!) Tage zieht, ehe es auf den Teller kommt.

Ich weiß nicht, wie oft ich in meinen Jahren in Wien „Beim Swoboda“ war. Manchmal fühlte sich das Beisl (fast) wie mein Esszimmer an. Die Wiener Küche erschloss sich mir auf fantastische Weise. Zwischenmenschlich auch. Bereits nach einem Monat durfte ich den Kellner „Herr Walter“ rufen. Der Katzentischtisch wurde zu meinem Stammtisch. Und als ich mich einmal von Herrn Swoboda daselbst nach „Fiakergulasch mit Serviettenknödel, Würstel und Spiegelei“ mit „unglaublich lecker“ verabschiedete, antwortete der Hausherr, der stets in einem weißen Kittel steckte, entwaffnend selbstsicher: „Hat ja auch meine Frau gekocht“.

Ein paar Jahre später zurück auf Spurensuche in Wien – „Beim Swoboda“ gibt’s nicht mehr. Kein Nachfolger gefunden.

Kochen kann heilen

Freunde, die mit Vergnügen essen und auch sonst ungehemmt daherkommen, schellen zuweilen spontan an der Tür oder kündigen sich vorher kurz und knackig an: „Gibt es was zu essen? Okay, dann komm ich gleich vorbei!“

Freunde dürfen das. Vor allem, wenn sie vor lauter Business völlig durch den Wind sind. Gemeinsames Essen drosselt das Überdrehtsein und steigert die Gelassenheit: Man nimmt die Dinge weniger ernst.

Es war dringend geboten, dass diese Freundin – nennen wir sie Anja – ein paar Dinge weniger ernst nahm. Ihr beeindruckender Aufstieg zur „Senior Group Brand Managerin“ mit der Karriere-Perspektive irgendwann mal den Jobgipfel als „Head of irgendwas“ zu erklimmen, hat ihr die Work-Life-Balance gehörig verhagelt: Sie ist vielfach nicht mehr Herrin ihres Gleichgewichts. Neben Terminen im Stundentakt muss sie sich auch noch gegen irgendwelche anderen Karriereluder durchsetzen, die stutenbissig ihren Stuhl anknabbern. Da heitern abends um acht Uhr nach -zig Meetings, einer Menge PowerPoint-Charts und ganz viel Ellenbogenausfahren ein Essen und ein Glas Wein gewaltig auf.

Blöd nur, wenn die unterstützungsbedürftige Freundin im Anflug ist, und du Kochgenie nichts im Haus hast!

Denkste.

Irgendwas ist immer im Haus!

Und genau das macht das Spontan-Kochen so herausfordernd-prickelnd. Spaghetti aglio e olio läuft (fast) immer. Notfalls eben ohne frischen Peperoncino. Aber niemals mit kurzen Nudeln.

Kein Knoblauch da? Dafür Eier? Hey, Spiegelei der Marke SUNNY SIDE DOWN kann so köstlich schmecken.

Oder Kartoffeln! Koch sie in der Schale, pell sie, streu Salz drauf und träufle Olivenöl drüber. Fertig!

Anjas Überdrehtsein erfuhr nach fünf Kartoffeln und dem zweiten Glas Wein eine deutliche Drosselung. Die Gadget-Karrierekombination aus Tablet und Smartphone rückte aus dem Lebensmittelpunkt in die Tiefen ihrer Aktenkoffer-Handtasche. Sie monologisierte NICHT mehr über Kunden, Zahlen und Zukunft. Sie blühte zur Empathie-Gigantin auf und HÖRTE ZU!
Sie streckte sogar die Beine unterm Tisch aus, schob sich die Pumps vom Fuß und lächelte entspannt-verträumt. Die Gelassenheit hatte gesiegt.
Danke, ihr Kartoffeln mit Olivenöl und einer Prise Salz.
Kochen kann heilen.

Gerne Fleisch

Der Sauerländer und der Wiener – gemeint sind Großeltern, Frau, Mann, Kind – essen gerne Fleisch und Wurst. Was in Wien die Zahl der Würstelstände belegt: immerhin im Jahr 2021 noch 274 nach offiziellen Angaben. Elf Jahre zuvor waren es 790!

Ist ähnlich wie mit den Metzgereien und Fleischerfachgeschäften, die den vollgepfropften Supermarkt-Fleisch- und Wursttheken zum Opfer fielen und Pleite gingen. Die, die überlebt haben, leben inzwischen in ihrer Nische einigermaßen komfortabel. Motto: Wir müssen ja nicht immer alles bevorraten. Demzufolge gibt es Landmetzgereien, die sich ausschließlich auf Schwein spezialisiert haben. Zur Qualitätsabsicherung steht dann gerne ein lustiges Ferkel aus Pappmaschee vor der Eingangstür, das den Namen und Ort des Schweinebauern kundtut.

Viele pflegen ihre Spezialitäten. Beispielsweise wenn es um die allseits gern gegessene Hausmacher Leber- oder -Blutwurst geht. Auch ein „Wiener Schnitzel“ der Marke Sauerland kann man getrost dort kaufen. Ist halt vom Schwein, schmeckt aber wunderbar.

Der Wiener hingegen kennt beim gleichnamigen Schnitzel keine Ausnahme: Es muss hauchdünnes Kalbfleisch sein. Böse Zungen lästern: „Kalbscarpaccio mit Panade“. Das geht mir denn doch zu weit.

Ohne Pferd

Erzähl mir nichts vom Pferd. – Die Idee, unser Küchentisch-Treffen unter das Motto „Wiener Abend“ zu stellen, fanden alle überwältigend kreativ. Die Begeisterung hielt an, als ich laut überlegte: „Straßenachtel“ Bier (auch Pfiff genannt) als Aperitif vorneweg; ein rescher grüner Veltiner aus der Wachau später zum Essen.
Die Erwähnung von Fiakergulasch als Hauptspeise trübte aber posthum die an sich positive Aura unserer Vorbesprechung. „Ich ess kein Pferd!“, langte Anna gleich mächtig zu. Aufklärung tat Not. Wiener „Fiakergulasch“ besteht aus Rindfleisch mit Brühwürstchen und Spiegelei.

Fiakergulasch

Einkaufsliste für 4 Personen
1 kg Rindergulasch, ½ kg Zwiebeln, 100 g Paprikapulver edelsüß, 20 cl Weißweinessig, 100 g Tomatenmark, 500 g Rinderfond, 0,1 l Rotwein, jeweils eine gute Prise Kümmel (gemahlen), 1 Lorbeerblatt, ein wenig gehackter Rosmarin und Majoran, Salz, Pfeffer, 4 Eier, 4 Brühwürstchen, 4 große Essiggurken. Dazu Wasser und Öl zum Braten.

Pack's an
◎ Gulaschfleisch ordentlich salzen, in einem großen Topf mit etwas Öl leicht anbraten.
◎ Zwiebeln in feine Streifen schneiden., zu dem Fleisch in den Topf geben. Beides bei nicht zu starker Hitze goldbraun rösten
◎ Tomatenmark und Paprikapulver dazu, kurz mit anschwitzen. Dabei rühren. Mit Rotwein und Weißweinessig ablöschen. Mit Rinderfond auffüllen plus so viel Wasser, bis das Fleisch bedeckt ist. Dazu die Gewürze.
◎ Bei 160 Grad im Ofen mit Deckel 2,5 Stunden schmoren.
Tipp: Gelegentlich umrühren.
◎ Ist das Gulasch fertig, Hitze abschalten.
◎ Brühwürstchen in dicke Scheiben schneiden, in den Topf geben. Deckel drauf.
◎ Gurken wie ein Fächer schneiden.
◎ 4 Spiegeleier braten.
◎ Gulasch aus dem Ofen holen. Vor dem Servieren auf der Herdplatte kurz erhitzen. Evtl. mit Salz und Pfeffer nachwürzen. Auf Teller füllen. Obendrauf kommen jeweils Gurke und Spiegelei.

Odyssee

Was hat Blunzn mit Homers Odyssee zu tun? In der Wiener Küche wird sehr gern österreichisches Deutsch gesprochen. Nicht nur wegen des eloquenten Dialekts braucht es seine Zeit, das zu verstehen. Oder wisst ihr auf Anhieb, was Karfiol ist? Oder Paradeiser, Beuschel, Mellanzani...? Eine Kollegin half mir. Erste Lektion: Sie kochte Blunzngröstl, was einen Sauerländer, der ja sowieso Gerichte ohne viel Brimborium bevorzugt, unvermittelt in puren Enthusiasmus versetzt.
Beim Braten konstatierte die Kollegin glaubhaft, weil sie alles andere als eine Phrasen-Gießkanne ist, Blunzn sei die älteste Wurstsorte der Menschheit. Schon die Krieger im antiken Griechenland sollen sie vor der Schlacht gegessen haben. Und der Homer, ja der erwähne Blunzn sogar in seiner Odyssee.*

* PS: Müssen wir noch checken. Sorry.

Blunzngröstl

Einkaufsliste für 4 Personen
2 kg Blutwurst *(Blunzn)*, 1 kg Kartoffeln *(Erdäpfel)*, Butterschmalz, Majoran, Petersilie, Salz.
Pack's an
◎ Kartoffeln in Salzwasser garkochen, schälen, würfeln.
◎ In einer großen, beschichteten Pfanne Butterschmalz erhitzen. Kartoffeln darin kräftig anbraten.
◎ Blutwurst aus der Pelle fummeln. Klein würfeln. Zu den Kartoffeln in die Pfanne geben. Mit anbraten.
◎ Kartoffeln und Wurst etwas andrücken. Kräuter und Salz dazu und alles umrühren.
Als Beilage gab's Feldsalat.

Wiener Italiener

Italiener geht immer! Auch in Wien. Jeden Tag Wiener Küche ist des Guten zu viel – und dauerhaft zu figurbetont. Also zwischendurch gerne Italiener.
Gesucht. Nicht gleich gefunden. Aber nach drei missratenen Restaurantbesuchen entdeckt. Ich esse immer beim erste Mal Spaghetti Carbonara. Wenn der Koch die kann, also ohne Sahne, dann kannst du bei diesem Italiener getrost essen gehen. Freund Michael macht's ähnlich. Er bestellt zu Testzwecken gerne Spaghetti aglio, olio e peperoncino.
Nach bestandenem erstem Carbonara-Abend in der Trattoria im 1. Wiener Bezirk wagte ich mich tollkühn weiter vor: „Uova affogate in sugo di pomodore". Übersetzt: Setzeier in Tomatensauce. Ein Träumchen. Schwer zu toppen.

Setzeier in Tomatensauce

Einkaufsliste für 4 Personen
2 Schalotten, 2 junge Knoblauchzehen, 50 g geröstete Pinienkerne, 4 El Olivenöl, 6 Strauchtomaten *(gewürfelt)*, 1 Dose geschälte Tomaten, 2 Lorbeerblätter, eine Handvoll Basilikum, etwas Tabasco, Salz, Pfeffer, etwas Zucker, 4 Eier.

Pack's an

◎ Schalotten pellen, würfeln. Knoblauch pellen, fein hacken.

◎ Öl in einer großen Pfanne auf mittlere Temperatur erhitzen. Schalotten, Knoblauch darin anschwitzen.

◎ Tomaten, geröstete Pinienkerne, Lorbeer, zerzupftes Basilikum zugeben. Aufkochen und bei mittlerer Hitze in gut 30 Minuten einkochen lassen.

Tipp: Gelegentlich umrühren!

◎ Tomatensauce mit Tabasco, Salz, Pfeffer, Zucker und Oregano würzen.

◎ Herd auf 180 Grad Umluft schalten.

◎ Tomatensauce in eine Auflaufform gießen, gleichmäßig verteilen. In 4 Mulden jeweils ein Ei geben. Im Ofen 15 Minuten stocken lassen.

Tipp: Damit das Ei nicht ausläuft, 4 Speiseringe in die Mulden stellen und da die Eier hineinschlagen.

Dazu? Salat, kurze Nudeln oder Brot. Passt!

Niemals in Streifen

Wer jemals in Bayern oder Wien Wurstsalat richtig gegessen hat, der hat das Gebot verinnerlicht: Wurst niemals in Streifen schnibbeln. Scheiben, selbst halbe Scheiben, sind ok. Für dieses Rezept habe ich extra noch mal 200 g Wurst mehr aufgeschrieben, weil ihr beim ersten Schritt bestimmt klammheimlich nascht.

Wurstsalat

Einkaufsliste für 4 Personen
1 kg Fleischwurst, 2 rote Zwiebeln, 2 mittelgroße Gewürzgurken aus dem Glas, 6 El Sonnenblumenöl, 4 El Weißweinessig, 1 Bund glatte Petersilie, Salz, Pfeffer, eine Prise Zucker.
Pack's an
◎ Fleischwurst pellen und in Scheiben schneiden – *niemals in Streifen!*
◎ Zwiebeln schälen, halbieren. Die Hälften in dünne Ringe schneiden.
◎ Gurke aus dem Glas fischen, halbieren, in sehr dünne Ringe schnibbeln.
◎ Alles in eine große Schüssel füllen, durchmischen.
◎ Weißweinessig, Öl, Salz, Pfeffer und eine Prise Zucker in ein verschließbares Glas geben und schütteln – *so wird das ideal gemischt!*
◎ Das Dressing in die große Schüssel über Fleischwurst, Zwiebeln und Gurken gießen. Die gehackte Petersilie dazu. Durchrühren. Alufolie darüber kempeln. 20 Minuten ziehen lassen.
Tipp: Dazu Graubrot essen. Ein helles Bier ist quasi Pflicht.

Fragezeichen im Gesicht

In der Wiener Küche existieren Begriffe, mit denen du als Deutscher erstmal nichts anfangen kannst. Da hast du gleich ein dickes Fragezeichen im Gesicht.
Schweinslungenbraten?
Lunge?
Leitet sich vom lateinischen „lumbus“ (Lende) ab. Im Alt-Wien der Barock- und Biedermeierzeit sagte sie dazu „Lummelbraten“ und „Lumpelbraten“, in den Kochbüchern des 18. Jahrhunderts erscheint bereits die Form „Lungel-Bratl“. In den folgenden Jahrzehnten bildete sich die irritierende Bezeichnung „Lungenbraten“. Übersetzt: „Lendenbraten“.

Quelle: AMA Marketing: Schmankerl rund ums Rind 2008, DFS

Schweinslungenbraten

Einkaufsliste für 4 Personen
800 g Schweinelende, 2 Zwiebeln, 2 El Senf, 0,2 l Fleischbrühe, 2 El Sonnenblumenöl, 2 bis 3 Zweige Rosmarin, Salz, Pfeffer. Ein paar Thymianzweige zum Garnieren.
Pack's an
◎ Backofen auf 170 Grad *(150 Grad Umluft)* vorheizen.
◎ Rosmarin und Zwiebeln klein hacken.
◎ Fleisch abwaschen, trocken tupfen, mit Salz würzen.
◎ Öl in einer Pfanne erhitzen. Fleisch rundherum kräftig anbraten, danach mit Pfeffer und Senf einreiben.
◎ Fleisch in eine Auflaufform legen. Mit der Brühe auffüllen. Rosmarin und Zwiebel dazu. Für 20 Minuten in den Backofen schieben.
◎ Fleisch herausnehmen, in Alufolie packen und im ausgeschalteten Backofen kurz ziehen lassen.
◎ Unterdessen die Flüssigkeit passieren, auffangen. Fleisch aus dem Ofen holen und mit der Flüssigkeit servieren. Gerne mit etwas Thymian garnieren.
Tipp: Sehr lecker dazu sind Kartoffelpüree (eher soft) oder Bratkartoffeln (eher kernig).

Sardelle ist Show

Das Rezept darf an dieser Stelle nicht fehlen. Logisch. Es wäre ein intolerabler Fauxpas. Unentschuldbar. Schließlich ist DAS Wiener Schnitzel DAS österreichische Nationalgericht (nach Gulasch). Es gibt in Wien ein paar „Touri"-Restaurants, die allen Ernstes meinen, die Schnitzelgröße irgendwie in Richtung Mini Cooper-Räder-Durchmesser zu strecken. So ein Quatsch. Fallt nicht darauf herein. Ein richtiges Wiener Schnitzel zeichnet sich durch Qualität statt Wagenrad-Größe aus.
Sardelle obendrauf ist Show. Kann, muss aber nicht sein.

Wiener Schnitzel

Einkaufsliste für 4 Personen
8 Schnitzel aus dem Kalbsrücken *(jeweils ca. 100 g)*, 4 Eier, 200 g sehr feine Semmelbrösel, 100 g glattes Mehl, 200 ml Butterschmalz, 100 ml Sonnenblumenöl, Zitronenscheiben, gehackte krause Petersilie, Salz.

Pack's an

◎ Schnitzel auf eine Stärke von max. 5 mm klopfen, auf beiden Seiten salzen.

◎ Eier in einem tiefen Teller schlagen. Davor einen tiefen Teller mit Mehl, daneben einen mit Bröseln stellen.

◎ Schnitzel in Mehl wenden, ins Ei tauchen, in Bröseln drücken.

◎ Große Pfanne mit Butterschmalz und Öl erhitzen *(Fett muss unbedingt heiß sein, weil das Schnitzel sonst nicht souffliert)*. Die Schnitzel einlegen. Auf beiden Seiten goldbraun backen.

Tipp: Pfanne nach ein paar Minuten immer ein wenig schwenken.

◎ Herausheben, auf Küchenkrepp gut abtropfen lassen.

◎ Petersilie im verbliebenen Fett frittieren, ebenfalls abtropfen lassen.

◎ Wiener Schnitzel mit frittierter Petersilie und Zitronenscheiben garnieren.

Beilage? Petersilienkartoffeln und Gurkensalat.

Küchenklatsch

„Wenn ich mich in einigen Kneipenküchen umsehe – es ist schon beruhigend, dass Metro und Co. denen High Convenience liefern."

Quelle: Achim, verkanntes Sternekoch-Genie

UNTERWEGS

Aus dem Koffer gelebt

Er ist Boston-grün. Das ist diese dunkle Farbe, mit denen Jaguars, MGs oder Triumph Spitfire früher gerne lackiert wurden. Geflogen ist er bestimmt zweimal um die Welt, gefahren locker in Mercedes-Motor-Dimensionen, also so mindestens 300.000 Kilometer aufwärts. Er ist auch schon mal in Kuwait-Stadt nach dem Check-in verloren gegangen, um drei Tage später wieder im Hotel in Dubai aufzutauchen: per Taxi samt Airline-Angestellter als Überbringerin. Ohne ihn reise ich nicht – seit 1988.
Ein anderer Koffer – niemals!
Er ist auch nicht besonders groß. Nichts für den zweiwöchigen Winterurlaub, aber für drei, vier Tage-Trips ideal. „Kauf Dir doch endlich mal einen Neuen“, animierte mich Britta rational voll vernünftig.
Tat ich prompt nicht.
Ein kurzer Blick auf die noch zu erkennenden Reste alter Destinationsaufkleber genügte, um mich Brittas Empfehlung zu verweigern.

Mir fiel das grandiose Frühstück an einem frühen sonnigfrischen Sonntagmorgen draußen auf der Terrasse des Flughafens von Alma Ata ein, das heute Almaty heißt. Es war unglaublich lecker. Mag sein nach der Flugreise via St. Petersburg und Umsteiger in Moskau, inkl. Nachtflug gen Osten hätte ich vermutlich auch Hirse oder Hammel gegessen. Ich erinnerte mich an Tee aus einem Samowar, an Blinis, Brötchen, Bratkartoffeln, Marmelade und Syrniki (das sind Quarkpuffer), spürte und genoss inmitten des Sonnenscheins die Kühle, die aus den Bergen hereinwehte. Ich hatte Zeit. Es würde wohl dauern, war mir signalisiert worden, ehe die Koffer aus dem Bauch der Tupolew in die Gepäckhalle transportiert würden. Selten fand ich „auf

Koffer warten", so beglückend, wie an jenem frühen Morgen im heutigen Kasachstan mit Blick auf den fast 5000 Meter hohen Bergriesen Pik Talgar.

Auch auf dem Gepäckband in Calgary landete mein Bostongrüner Koffer. Ich starrte unterdessen ungläubig auf eine Art Indoor-Bahn, die fußfaule Ankömmlinge durch die weiten Hallen beförderte. Sie schnurrte voll besetzt an mir vorbei. Am Steuer eine Frau, daneben ein Mann. Beide im weißen Cowboy-Style samt riesigen Hüten der Marke Stetson und einem Zahnpastagrinsen im Gesicht wie bei Bobby Ewing in Dallas, wenn JR ihn mal nicht gepiesackt hatte. Die Szene besaß rheinisch-karnevaleske Züge, war aber hier im Osten Kanadas so normal wie das Helau in Düsseldorf.
„You're welcome", hörte ich überall. Auch am Steak-Sandwich-Stand des Airports, der nach dem Flugzeugessen meine köstliche Rettung war. Kanadische Steaks sind dort allgegenwärtig – hierzulande leider nicht. Habt ihr schon mal fünf Tage hintereinander Steaks gegessen? Ich schon (Smiley).

Ehe das jetzt hier zur Reiseaufzählung wird: Es gibt wenige Dinge, von denen ich mich nie trennen werde. Von dem Koffer, mit dem ich so viel unterwegs war, aber auch nie von der Eisen-Bratpfanne, die mich vom Sauerland, über Düsseldorf, Wien und Flandern wieder zurück ins Sauerland begleitet hat. Meine Güte, was darin schon alles gebraten worden ist. Sie strahlt tiefschwarz eingebrannt aus dem Inneren heraus. Wenn ich sie in der Hand halte, muss ich lächeln. Sie ist mein verlässlicher Steak- und Bratkartoffel-Helfer. Im Gegenzug pflege ich sie. Das ist unser Deal.
„Stellen Sie sich vor, die Pfanne wäre ein Gesicht, dass Sie eincremen. Nehmen Sie einfach Speiseöl statt Creme", hatte

der versierte Fachverkäufer damals empfohlen nach einem längeren Exkurs, wie eine Eisenpfanne einzubrennen sei. Ich habe seine Pflegeformel beherzigt. Nie Spülmittel. Heiß auswaschen. Trocknen. Etwas Öl in die Mitte des Pfannenbodens. Mit Küchentuch einreiben. Das war's.
Auch meine zweite Eisenpfanne – diesmal ein deutsches Fabrikat – erfreut sich dieser Behandlung. Glaubt mir: Nur in Eisenpfannen können Steaks außen wunderbar kross gebraten werden. Das Innere des Fleisches bleibt dabei zart und saftig, ohne jemals zu trocken oder zu zäh zu werden.

Die Frage, die ihr jetzt bestimmt stellt, nämlich auf welche drei Dinge ich ungern in meinem Leben verzichten möchte, ist also zu zwei Drittel beantwortet: Bosten-grüner Koffer und tiefschwarz eingebrannte Eisenpfanne.
Was noch?
Das Paul Bocuse-Kochbuch „Die Renaissance der französischen Küche", in dem er sich vom Chichi der Haute Cuisine verabschiedete und umkehrte zur regionalen Normalität des Kochens. Über 30 Jahre alt mit 120 Rezepten – ich blättere und lese immer noch gerne darin herum.

Küchenklatsch

„Wer in einer Düsseldorfer Braugaststätte
Wein bestellt, muss wissen, was er sich antut.“

Quelle: Carsten, der (fast) Allwissende.

Wenn der Wirt hüpft

Ferien auf Rügen. Die Umgebung erkunden. Meer und Strand, Land und Leute genießen – und „spannend“ essen. Das klappte: in einer Gartenlaube mit XXL-Ausprägung.

Das Dorf war übersichtlich. Kirche, alte Schule, die als Museum dient, Tante-Emma-Laden und ein Restaurant. Das Meer in fußläufiger Nähe. Abends auf der Terrasse kuschelig im Strandkorb, die sommerliche Ruhe der Vorferienzeit atmen, den spannenden Urlaubs-Thriller lesen – auf einmal mischte sich unüberhörbar ein stetig steigerndes, heiteres Stimmen-Stakkato von irgendwoher ein. Nicht zu laut, nicht störend, aber dauernd da.
Muss eine fidele Gesellschaft sein.
Neugierig geworden folgte ich mehr oder weniger ferngesteuert den Stimmen – und landete nach kurzer Strecke über einen Fußweg aus Waschbetonplatten in einer ein bisschen zu üppig geratenen Gartenlaube. Auf weißen Plastikstühlen mit schrill-bunten Kissen saßen gefühlt 30 Menschen, essend, trinkend, plappernd, lachend. Outdoor-Feeling pur.
Der Wirt dieser Gartenlauben-Lokalität entpuppte sich als routinierter Akquisiteur. Sein Outfit: Bermuda-Shorts, weißes T-Shirt, Strohhut und eine Medaillenattrappe mit der Aufschrift: DDR – Kuba 1:0.
Kaum stand ich da mit Fragezeichen im Gesicht, hüpfte er auch schon an meine Seite. Und schwups saß ich an einem der Tische mitten zwischen Menschen, die ich nicht kannte, aber verstand trotz deren Dialekt.
„Ehe Sie hier die Speisekarte suchen, die haben wir nämlich nicht – heute gibt’s Soljanka. Gut, wir haben auch Bratwurst, Schnitzel und Fisch. Aber nehmen Sie Soljanka“, empfahl der umtriebige Wirt, der offenbar immer leicht

hüpfend zwischen den Tischen unterwegs war, auch mit vollen Getränketabletts oder Esstellern in seinen Händen. Jedenfalls wirkte er hibbelig.
„Soljanka?"
„Probieren Sie. Ist ein pikanter Eintopf. Ist gut".
Ich horchte in mich hinein. Ok, viel gegessen hatte ich an diesem Tag noch nicht. Deswegen funkte mein Magen stante pede ein eindeutiges Signal: Nimm's!
Ich nahm's.
Soljanka!
Und gut?
Besser als gut!

Vollgepfropft glückselig beim abschließenden Schwarzbier zwei Stunden später verriet mir das Hüpftmännchen an der Theke sein Soljanka-Rezept. Gibt's jetzt mindestens einmal im Jahr – früh-sommertags mit einem schmunzelnden Gruß aus dem Sauerland Richtung Rügen zu den Tischen in die Gaststätte mit der XXL-Gartenlaube und dem hüpfenden Wirt.

Gelbschwarz nach Sizilien

Der Reisestart verhieß nichts Entspanntes. Steig mal als Schalke-Fan samstags in den in Vereinsfarben lackierten Flieger von Borussia Dortmund. Offenbar hatte der BVB an diesem Tag ein Heimspiel. Die Fluggesellschaft jedenfalls setzte den Airbus als Linienflieger von Düsseldorf nach Catania ein. Da wollten wir fünf Herren hin. Ich tröstete mich als ich festgezurrt im Gurt saß – drinnen war von Gelbschwarz nichts zu sehen. Stattdessen staunte ich, wie eng der Sitzabstand zwischen den Reihen war. Kein Wunder, dass das mit der Meisterschaft für den BVB wieder nicht geklappt hatte. Bei dem Sitzabstand sind eingeschlafene Beine nach der Landung programmiert. Wenn nicht sogar Schlimmeres.

Vorm Einsteigen hatte ich Edgar, der sich den Status BVB-Dauerkartenbesitzer leistet, noch fix ein Foto vom Borussia gestyltem Flugzeug geschickt und prompt per WhatsApp-Video schallendes Gelächter live kassiert.

Unter uns Fünf gab es zwei Sizilien-Experten: Einer, Peter, war schon mal inselrundreisemäßig vor Ort; ich hatte alle Montalbano-Krimis mindestens einmal gelesen. Deswegen kannte ich nicht nur Mafia und Vendetta, sondern vor allem die klassischen, sizilianischen Gerichte. So ausgestattet trudelten wir in Taormina ein. Peter erklärte Wissenswertes zu Land, Leuten und Wein – meine Sizilien-Expertise entwickelte sich in den Restaurants, was den einen oder anderen Kellner sichtbar irritierte. Motto: Da sitzen fünf nicht mehr ganz taufrische Deutsche und verlangen allen Ernstes nach Caponata, Pasta cu'a ricotta frisca und Triglie in agrodolce.

Die Kommunikation lief ohne Holpersteine. In fast jedem Restaurant jobbte ein Mitarbeiter, der irgendwann einmal in Deutschland gearbeitet hatte. Das ersparte ihnen unser Kauderwelsch aus dem Sammelsurium aufgeschnappter italienischer Wörter, was ein echter Sizilianer sowieso überhört.

Zurück ging's in einem neutral lackierten Flieger. Borussia Dortmund muss ein Auswärtsspiel gehabt und vermutlich verloren haben – wegen der eingeschlafenen Beine. Aber das ist selbstverständlich meine sehr eigene Interpretation.

Käpt'n Klauke und das Meer

Nordsee-Urlaub ging so: rauschende Wellen, sandige Strände, prickelnde Brisen, einladende Fisch-Imbisse und chillige Strand-Buden, in und vor denen es auch Fischsuppe und Chardonnay gibt – und natürlich: schwimmen. So war das auf dieser Insel scheinbar nicht. Ein erster Erkundungsspaziergang in dem Kaff, das nun für zehn Tage Ort der Ruhe und Entspannung sein wollte, ergab: statt Wasser ganz viel Watt, am Strand ein Café und im Ort außer einer Bäckerei – nichts! Das Landesinnere? Wie Sauerland, nur ohne Berge. Plattes Land. Wir kannten uns erst kurz und kaum, aber bezogen auf diese Insel und mich wusste ich auf einmal, was der Begriff „Sichfremdwerden" bedeutet. Mein Zugang zu ihr war abgeriegelt.

Am dritten Tag lokalisierte ich Besserung. In einer kleinen Seitenstraße im Nachbardorf: ein Fischgeschäft. Oder doch Imbiss? Gar kleines Restaurant? Dazu der morbide Charme eines Tante-Emma-Ladens.
„Hier ist alles Bääack to Earth. Doooown shiften. Sie verstehen?", tönte ein saloppes Kerlchen in bunten Bermudashorts, der abwartend-relaxed und fast arrogant in der Glastür neben dem Schaufenster stand.
„Käpt'n Klauke", stellte er sich strahlend vor. Ein Vertriebsprofi auf Kundenfang. „Dann kommen Sie mal rein."
Tat ich und landete in seinem Fischrefugium. Hinter und vor der Verkaufstheke residierte dieser Käpt'n Klauke. Dahinter erspähte ich die Küche mit dampfenden Töpfen. Davor ein Verkaufsraum mit einer kleinen Restaurantecke: Wohnzimmer-Polstergarnitur, Sitzhocker aus Holz. Alfred Tetzlaff hätte sich – abgesehen vom Fisch – pudelwohl gefühlt.

Der Verkaufsraum füllte sich auf einmal wie aus dem Nichts, als sei ein Bus angekommen. Draußen entstand eine Warteschlange. Drinnen erwachte der Entertainer in Käpt'n Klauke. Dieser Mann badete jetzt in seinem Element zwischen Rotbarben, Matjes, Fischbrötchen und Kartoffelsalat. Die Menschen in der Warteschlange amüsierten sich köstlich über seine Gags, seine Schlagfertigkeit, seine Anekdoten. Käpt'n Klauke erklärte allen, wie das auf dieser speziellen Insel läuft mit „Bääähck to Earth“ und „Doooown shiften“.

Genau das hat übrigens super funktioniert. Und das Meer kam auch – bei Flut.

Colder than Ice

Glück gehabt. So richtig. Nicht nur ganz Montreal – ganz Kanada war wie verrückt in diesem Frühsommer hinter Eishockey-Karten für das 6. Finalspiel um den Stanley Cup her. Montreal Canadians vs Calgary Flames. Möglicherweise würde an diesem Abend die Entscheidung fallen. Das Stadion ausverkauft.

Gleich zwei Plätze gehörten mir, weil beide Freunde – der eine geschäftlich, der andere privat – für mich je eine Karte besorgt hatten. Sie konnten ja nicht ahnen, dass ich Genie Beide gefragt hatte. Die im Grunde komplett falsche Redewendung für ein ausverkauftes Stadion: „...bis auf den letzten Platz gefüllt" traf an diesem Abend den Nagel tatsächlich auf den Kopf. Im weiten Rund blieb ein Platz frei. Jetzt echt. Ich bin in einer Drittelpause höchst unauffällig dorthin geschlendert.

Beim fast mitternächtlichen „vierten Drittel" an der respektablen Hotelbar taten sich für einen bekennenden Pils-Liebhaber aus dem Sauerland vollkommen neue Perspektiven auf. Das kanadische Lagerbier musste vor dem Servieren in ein Eisfach: kleine Metallboxen an der Wand hinter dem Tresen, in die exakt jeweils ein Glas passte. Um diese Boxen herum verliefen eisige Tiefkühlröhren. Ein Open Air-Eisschrank! Wenn sich darin auf einem Glas eine dünne Schicht Gefrorenes gebildet hatte, genau dort wo deutsche Bierliebhaber gerne Schaum sehen, wurde serviert: „Colder than Ice".

Alltagsküche, so lecker

Rezept-Historie! In der ehemaligen DDR belegte Soljanka unangefochten die Eintopf-Spitzenposition. Ein Suppenklassiker der Alltagsküche: Einfach zu kochen, preiswert, weil Fleisch- und Wurstreste hineinkamen, und sättigend. Mit der ursprünglichen russischen Version hatte sie nicht mehr viel gemeinsam. Die wurde mit Fleisch oder Fisch, mit Kohl, Gurken, Zwiebeln, Brot und sogar Eiern gekocht. Übrigens ist Soljanka nicht erst nach dem 2. Weltkrieg durch die Sowjet-Besatzung in die ehemalige DDR gekommen. Bereits in den 1920er Jahren importierten viele Russen, die wegen des Bürgerkriegs flohen, Soljanka nach Ost- und West-Deutschland.

Soljanka

Einkaufsliste für 6 Personen
600 g Rinderbraten (gewürfelt), 300 g Fleischwurst (gewürfelt), 1 mittelgroßes Glas Gewürzgurken (gewürfelt).
Tipp: Das Gurkenwasser nicht wegschütten!
1 Glas Letscho, 1 l fette Brühe, 2 Gemüsezwiebeln in halbe Ringe, 200 g passierte Tomaten, 1 Nelke, Schale (Zeste) und Saft von 1 Zitrone, 1 Tl Paprika edelsüß, ein Spritzer Tabasco, ein Schuss Gurkenwasser, Sonnenblumenöl, Salz, Pfeffer.
Pack's an
◎ Wurst im Öl anbraten, herausnehmen, bei Seite stellen.
◎ Fleisch anbraten. Zwiebeln dazu. Wenn die glasig sind, mit passierten Tomaten und Brühe auffüllen. Nelke in einem Tee-/Gewürzbeutel geben und mit hinein. Deckel drauf. Bei kleiner Hitze eine gute Stunde köcheln.
◎ Ist die Stunde rum, kommen Letscho, Wurst und Gurken dazu. Mit Zitronenabrieb und -saft, Tabasco, Paprika edelsüß, Salz und Pfeffer abschmecken.
◎ Weitere 20 Minuten vor sich hin köcheln. Evtl. mit Gurkenwasser verlängern. Teebeutel mit Nelke herausnehmen. Das war's.
Tipp: Dazu dicke Graubrotscheiben.

Gesund und spannend

Rote Bete? Bislang haben da eine Menge Menschen Schnappatmung gekriegt... dieses wässrige rote Etwas aus dem Glas, das sich gerne in Restaurants, die die „internationale Küche“ pflegen, auf dem Beilagenteller neben Kraut, Böhnchen und geraspelten Möhren drängt? Das soll schmecken? Gesund sein? Wohl dem, der einen Profi-Koch in der Familie hat. Er zog mir eines Abends in Hamburg den Anti-Rote-Bete-Zahn. Seitdem find‘ ich Rote Bete spitze. Sie sind gesund und spannend im Geschmack.
Tipp für alle Bier-, Wein- und etc.-Freunde: Die kleine rote Rübe senkt den Alkoholspiegel. Das hat mal die Uni Tübingen ermittelt. Prost.

Rote-Bete-Salat

Einkaufsliste für 4 Personen
5 große feste Rote Bete Knollen, 2 Schalotten, 50 ml Balsamico Essig, 1 El Himbeeressig, 2 El Zucker, 150 ml Olivenöl, 1 Tl guter Senf *(mittelscharf)*, etwas Ingwer, Kümmel, Salz und Pfeffer. *Dazu:* Ziegenkäserolle, Pinienkerne, Gartenkresse, Rote Bete Kresse.

Pack's an

◎ Rote Bete waschen und in Salzwasser mit etwas Kümmel ca. 50 min garkochen *(bissfest)*. Die Rote Bete leicht abkühlen lassen, aber noch warm mit Handschuhen *(wegen der starken Färbung)* schälen, klein würfeln.

◎ Während der Abkühlphase die Balsamico-/Himbeer-Vinaigrette herstellen. Dafür den Balsamico mit den Himbeeressig, Senf, Zucker, geschälten Ingwer, 1 Tl Salz und etwas Pfeffer mit einem Mixstab verquirlen. Anschließend das Olivenöl langsam einmixen und kräftig abschmecken.

◎ Schalotten wirklich klein zerlegen und hinzufügen. Zuletzt die noch warmen Rote Bete mit der Vinaigrette vermengen.

Tipp: Nachschmecken! Warme Rote Bete nehmen nämlich noch viel Geschmack auf.

◎ Rote-Bete-Salat lauwarm anrichten, mit etwas gratiniertem Ziegenkäse belegen. Und den mit gesalzenen und gerösteten Pinienkernen bestreuen. Mit Garten- und/oder Rote Bete Kresse garnieren.

Nix Bolognese:

Bolo bitte!
???
Ohne Spaghetti Bolognese können die meisten Deutschen nicht. Die Italiener schon. Denn die Bolognese-Sauce wie sie diesseits der Alpen gekocht wird, kennt man jenseits der Alpen überhaupt nicht. Dort gibt's Ragù. Eines wunderschön-warmen Frühlingsabends in der Toskana aß ich es zum ersten Mal.
Die Szene war filmreif. Ein Dutzend Menschen im Licht der Abendsonne an einem großen Tisch. Vor sich einen tiefen Teller mit Ragù und Pici, das sind dicke Spaghetti. Möhren und Sellerie so fein gehackt. Die Schalotten kaum mehr zu sehen. Sie hatten sich in vier Stunden Kochzeit aufgelöst. Ich lernte: Ein richtiges Ragù braucht Zeit. Viel Zeit. Wer dafür keine Zeit hat, sollte die Finger davonlassen.

Ragù

Einkaufsliste für 6 Personen
1,2 kg Rinderhack *(ideal: vom Deckel der Rinderoberschale plus ein paar Abschnitte vom Dry-Aged-Rinderrücken, der den Fettanteil erhöht)*, 1 große Dose ca. 1 kg San Marzano Tomaten, 1 Tl Tomatenmark, 3 große Möhren, 1/4 Sellerieknolle, 4 große Schalotten, 1/4 Knolle junger Knoblauch, 1/2 l trockenen Rotwein *(Merlot passt mega)*, etwas Kalbsfond, frische italienische Kräuter wie Oregano, Rosmarin, Lorbeer, Thymian, sehr wenig erhitzbares, Sonnenblumenöl, etwas kaltgepresstes Olivenöl, Salz, Pfeffer, ein wenig Chili.

Pack's an
◎ Möhren und Sellerie schälen, Schalotten pellen.
◎ Möhren und Sellerie in gleichmäßig kleine Würfel schneiden ca. 0,5 x 0,5cm *(am einfachsten erstmal in dünne Scheiben, dann in dünne Streifen, dann in Würfel)*.
◎ Schalotten ebenfalls schön klein würfeln.
◎ Knoblauch und Kräuter klein hacken.
◎ Ofen auf 140 Grad stellen.
◎ Großen flachen Rondeautopf erhitzen.
◎ Sehr wenig Öl hineingeben. Rinderhack sehr kurz stark anbraten.
◎ Schalotten dazu, umrühren. Dann Möhren, Sellerie, Knoblauch, 1 TL Tomatenmark. Wieder umrühren.
◎ Sofort danach die Dose Tomaten hinzufügen, mit der Hälfte des Rotweins ablöschen.
◎ Hitze reduzieren, klein gehackte Kräuter und sehr wenig Chili dazugeben
◎ Würzen mit Salz/Pfeffer und nochmals Wein angießen, mit etwas Kalbsfond auffüllen.

Durch das Anschwitzen von Tomaten/Tomatenmark/ Rotwein/Schalotten/Möhren karamellisiert der natürlich vorkommende Zuckeranteil (Fructose), dadurch verringert sich die Säuremenge. Bedeutet: Verdauungsfördernde Wirkung und Verbesserung des Geschmacks.

◎ Deckel auf den Rondeautopf. Das Ragù bei 140 Grad mindestens 4 Stunde im Ofen schmoren. Flüssigkeit kontrollieren. Evtl. Fond oder Wasser zugießen.
◎ Topf aus dem Ofen nehmen. Ragù abschmecken. Ein wenig kaltgepresstes sehr aromatisches Olivenöl einlaufen lassen.
Die Pasta dazu? Pici oder Tagliatelle.

Küchenklatsch

„Dies ganze Getue ums Essen ist Nonsens.
Kommt sowieso alles in einen Magen."

Quelle: Oma Mathilde, Gruß nach oben

Dann halt zwei Ouzo

Geht mit Rind, Kalb, Lamm, Huhn, Ziege, Hirsch oder Wildschwein: Stifado. Ob das an Gulasch erinnernde Gericht wirklich aus Griechenland stammt? Carsten hatte sich schlau gemacht. Demnach stammt Stifado aus Venezien. Und die Venezianer hätten das Essen im 16. Jahrhundert in Griechenland eingeführt. Der Name beweise das. In Venedig heiße Schmorbraten schließlich „Stufado".

Es könne natürlich aber auch alles ganz anders gewesen sein. Die griechischen Hirten hätten nämlich seit der Antike Fleisch mit Zwiebeln, Wein und Gewürzen überm Feuer geschmort. Später sei einfach der Name aus Venezien übernommen worden.

Na dann.

Was an unserer Variante alle am Tisch außerordentlich stimulierend fanden: Ouzo kommt ins Stifado!

Und wer nun das Copyright besitzt, schmeckte sich für uns ziemlich belanglos an. Wir gönnten uns einen Ouzo auf die Venetianer und einen auf die Griechen.

Stifado

Einkaufsliste für 8 Personen
2 kg Rindfleisch *(am besten vom Nacken)*, 2 kg Schalotten, 1 kg Tomaten, 4 bis 5 Knoblauchzehen, 50 ml Sonnenblumenöl, 50 ml Olivenöl *(plus etwas mehr)*, 1 El Tomatenmark, 1 Zimtrinde, 8 Pimentkörner, 2 Nelken, 4 Lorbeerblätter, 1 Tl Oregano, 1 Tl Rosmarin, 1 Tl Kreuzkümmel, 200 ml Rotwein, 4 cl Ouzo, 3 El Rotweinessig, Salz, Pfeffer.
Pack's an
◎ Fleisch in Gulaschstücke zerlegen.
◎ 500 g Zwiebeln klein schneiden, Tomaten würfeln, Knoblauch schälen, andrücken und vierteln. Pimentkörner und Nelken im Mörser stampfen.
◎ Backofen auf 160 Grad *(Ober- und Unterhitze)* vorheizen.
◎ Sonnenblumenöl in einem großen Schmortopf erhitzen. Fleisch portionsweise kräftig anbraten. Knoblauch, Tomatenmark, Salz und Pfeffer dazugeben. Etwas andünsten.
◎ Alle Gewürze in den Topf, mit Ouzo und Rotwein ablöschen. Mit Wasser auffüllen, bis alles bedeckt ist. Den Topf mit Deckel in das untere Drittel des Backofens stellen. 60 Minuten garen.
◎ Restliche Schalotten pellen. Ganz lassen und in einer Pfanne mit heißem Olivenöl bräunen.
◎ Zwiebeln mit Essig zum Stifado geben, abdecken. Weitere 90 Minuten bei 160 Grad im Backofen schmoren.
Dazu? Kritharaki Nudeln oder dicke Scheiben Weißbrot.

Mmmhhh Klassiker

Ja gut, wir sind ein bisschen Rindfleisch-lastig unterwegs. Aber dieses Boeuf Stroganoff darf nicht fehlen. „Merk dir“, sagte Clais mit einer gewissen Strenge: „Das Fleisch wird sehr heiß in Butterschmalz angebraten. Es muss innen noch blutig sein. Aus der Pfanne nehmen, zwei Minuten ruhen lassen und dann mit dem Fleischsaft in die Sauce.“ Das sei elementar. Sonst würde das Fleisch zäh.
Dazu? „Bandnudeln. Nichts anderes!“

Boeuf Stroganoff

Einkaufsliste für 4 Personen
800 g Rinderfilet, Butterschmalz, 4 Schalotten, 250 g Champignons, 4 Essiggurken, frische, gehackte, glatte Petersilie *(Menge nach Geschmack)*, 2 Tl Paprika edelsüß, 1 Kick Cognac, 400 ml Rinderfond, 150 ml Sahne, Salz, Pfeffer, ein wenig Senf.

Pack's an

◎ Fleisch in Gulaschstücke zerlegen, in nicht zu dicke Streifen schneiden.

◎ Zwiebeln schälen, fein hacken.

◎ Champignons putzen, in schmale Streifen schneiden. Gurken ebenfalls.

◎ Butterschmalz in einer großen Pfanne zerlassen. Schalotten glasig schwitzen. Champignon- und Gurkenstreifen dazu geben. Rösten, bis das ausgetretene Wasser verdampft ist.

◎ Paprikapulver dazu. Kurz mitrösten. Mit einem Kick Cognac ablöschen. Rinderfond angießen.

◎ Sauce ungefähr 5 Minuten bei großer Hitze reduzieren. Temperatur herunterschalten. Mit Salz, Pfeffer und Senf abschmecken. Sahne einrühren. Warmhalten.

◎ Fleisch salzen. In einer anderen Pfanne im Butterschmalz bei hoher Hitze rundherum anbraten.

Das Fleisch muss innen noch blutig sein!

◎ Fleisch herausnehmen, pfeffern, 2 Minuten ruhen lassen.

◎ Fleisch mit dem ausgetretenen Fleischsaft in die Sauce geben und unterrühren. *Nicht mehr aufkochen, sonst wird das Fleisch zäh!* Mit Petersilie bestreuen.

Küchenklatsch

„Champagner macht keine Rotweinflecken“

Quelle: Anna, weiß aber nicht, woher sie‘s hat.

NOTABENE

Anna und das Nudel-Leid

Single Anna ist jetzt nicht die Super-Köchin. Interessiert sie halt nicht. Geht lieber essen. Aber weil das während Corona-Lockdown nicht möglich war, musste sie kochen, um zu überleben. Was früher undenkbar schien: Anna schwang ihren Kochlöffel, kaufte sogar einen zweiten. Nach ein paar Wochen hatte sie sämtliche Nudelgerichte der Kategorie „leicht, einfach und in 15 Minuten fertig" aus diversen Rezept-Blogs rauf und runter gekocht. Dramatische Folge: Sie krankte am Nudel-Leid. „Ich kann das Zeug nicht mehr sehen", stöhnte sie via WhatsApp-Live-Schalte. Auch der Hinweis auf Risotto als Alternative schaffte den Durchbruch nicht: „Nee, kein Ding für mich. Zu kompliziert". Ein paar Kartoffeln und ein Glas Pesto sorgten für Abwechslung.

Einkaufsliste für 2 Personen = Single Haushalt + Vorrat:
200 g Kartoffeln, 50 g getrocknete Tomaten in Öl, 400 ml Geflügelfond, 1 Glas Pesto, Salz, Pfeffer.
Pack's an, Anna
◎ Kartoffeln waschen, schälen und in Würfel schneiden.
◎ Geflügelfond in einem Topf mit 100 ml Wasser und einer Prise Salz erhitzen.
◎ Kartoffeln in den Fond befördern, 25 Minuten ohne Deckel köcheln lassen.
◎ Tomaten mit 2 Esslöffeln des Öls nach 5 Minuten zu den Kartoffeln geben.
◎ Suppe mit Salz und Pfeffer abschmecken. Auf Teller füllen und mit einem Klacks Pesto *(ungefähr Esslöffelfüllend)* „garnieren".

Küchenklatsch

„Hast du einen Genussabrunder?“

Quelle: Michael, spekuliert auf einen Schnaps.

Anna kocht Lachstatar

„Ich koch uns was“, plante Anna ein Jahr später einen Abend telefonisch-kategorisch, wobei das „was“ nach „irgendwas“ klang. Ein „Au weia“ verkniff ich mir so gerade noch. Obschon sich die vielen Lockdown-Wochen positiv auf ihre Kochkünste ausgewirkt haben. Jedenfalls genug guter Wein wird sie im Haus haben, dämmerte es mir. Ein Lichtblick am abendlichen Horizont. Ich sagte zu.
Was für eine glückliche Entscheidung. Anna stellte neben frischem Brot, Salami, Knochenschinken und Käse ein Lachstatar auf den Tisch, das in meiner Bestenliste raketenmäßig nach oben abhob. Dazu holte sie meinen Lieblingswein, den gemischten Wiener Satz, aus dem Weinkühlschrank. Eine dieser kleinen Gesten, die sooo groß sind.

Einkaufsliste für 2 Personen = Single Haushalt + Vorrat:
300 g geräucherter Lachs, 2 Schalotten, Schale und Saft von 2 Zitronen, 2 El Olivenöl, ½ Bund Dill, etwas Koriander, Meersalz, Pfeffer.
Pack's an, Anna
◎ Lachsscheiben klein schneiden. Wirklich: sehr klein.
◎ Schalotten pellen, fein würfeln.
◎ Dill waschen, trocknen, klein hacken.
◎ Das Ganze in einer Schüssel vermengen.
◎ Zitronenschale abreiben, Saft auspressen.
◎ Öl, Zitronenschale und -saft, eine Prise Koriander Salz und Pfeffer einmischen.
◎ Ab in den Kühlschrank: Mindestens zwei Stunden ziehen lassen.
Tipp: Lässt sich mit Hilfe von kleinen Speiseringen optisch sehr schön servieren. Obendrauf noch etwas Dill platzieren.

Danke

Dieses Buch zu realisieren war eine Lust, weil viele nette Menschen unterstützt haben. Deshalb ein dickes Dankeschön:

Familie und Freunden, weil sie über viele Jahre ohne Wenn und Aber in die Rolle der „Test-Esser" geschlüpft sind in Düsseldorf, Flandern, Wien und im Sauerland. Sogar dann, wenn Fleisch nicht unbedingt ihr Ding ist – oder Suppe.

Peter, weil er zu rheinischen Gerichten, die er als gebürtiger Hamburger bei mir in Flandern ausprobierte, die passenden Weine fand – und zwar in üppig auskömmlicher Dosierung.

Barbara fürs redaktionelle Korrekturlesen samt Ausbügeln vieler Fehler.

Clais, Herrn Walter und Lauda Air – meine „Esszimmer".

Den Fotografen:
Barnabas Davoti, pexels: Cover-Foto
Gauillaume Hankenne, pexels: Flandern
Alex Fu, pexels: Unterwegs
Nadezhda Moryak, pexels: Notabene
Privat: Düsseldorf, Sauerland, Wien, Autorenfoto Dülberg
Hanse Lounge, Hamburg: Autorenfoto Droste

Autoren

Thomas Dülberg arbeitete als Redakteur für große deutsche Tageszeitungen und als Reporter und Moderator für den Hörfunk (WDR). Nach seinem Ausstieg aus dem Journalismus war er über 30 Jahre selbstständig in der Medienbranche erfolgreich.
2018 erschien sein Buch „Spiegelei ist auch mal lecker". 2021 die Anthologie „Touché" mit seinen Kurzgeschichten.

Steven Droste zog es nach seiner Ausbildung in einem Dortmunder Traditionshaus sowie ersten Koch- und weiteren Fortbildungsstationen (u. a. zum Diätkoch) nach Hamburg. 2017 erhielt er bei der dortigen Handelskammer die Ernennung zum Küchenmeister. Er arbeitet als Sous Chef in einem renommierten Business Club an der Alster. Steven Droste kreiert am liebsten Gerichte aus frischen regionalen Zutaten.